Autobiographie eines Attentäters
Johann Georg Elser

Autobiographie eines Attentäters

Johann Georg Elser

Der Anschlag auf Hitler
im Bürgerbräu 1939

Herausgegeben und eingeleitet
von
Lothar Gruchmann

Deutsche Verlags-Anstalt
Stuttgart

CIP-Titelaufnahme der Deutschen Bibliothek

Elser, Johann Georg:
Autobiographie eines Attentäters : der Anschlag auf Hitler
im Bürgerbräu 1939 / Johann Georg Elser.
Hrsg. u. eingel. von Lothar Gruchmann. –
Neuaufl. – Stuttgart : Deutsche Verlags-Anstalt, 1989
ISBN 3-421-06519-5

© 1970 und 1989 Deutsche Verlags-Anstalt GmbH, Stuttgart
Alle Rechte vorbehalten
Umschlaggestaltung: Reichert Buchgestaltung, Stuttgart
Umschlagfotos: Senator Film (Klaus Maria Brandauer; vorn)
und Bilderdienst Süddeutscher Verlag
(Johann Georg Elser; hinten)
Druck und Binden: F. Pustet, Regensburg
Printed in Germany

Vorwort zur Neuauflage

Keine fünf Jahre nach Johann Georg Elsers mißglücktem Attentat überlebte Hitler auch den Bombenanschlag, den Oberst Claus Schenk Graf v. Stauffenberg am 20. Juli 1944 im Führerhauptquartier auf ihn verübte. Beide Attentäter trennten Welten voneinander: Der brillante adlige Generalstabsoffizier, der zumindest die patriotischen Anliegen seines Opfers teilte und 1933 von der Welle der Begeisterung für die „nationale Erhebung" zunächst nicht unberührt geblieben war, wollte mit seiner Tat den verlorenen Krieg beenden, nachdem er den verbrecherischen Charakter der nationalsozialistischen Führung erkannt hatte, die das eigene Volk mit sich in den Untergang reißen wollte. Der schlichte Handwerksgeselle, der sich der Arbeiterschicht zugehörig fühlte und die Nationalsozialisten aus einer traditionell linksorientierten Einstellung heraus ablehnte, aber seine Opposition nach 1933 nicht aus ideologischen Quellen, sondern aus der Beobachtung seiner unmittelbaren Umwelt und der politischen Vorgänge speiste, wollte durch seine Tat ursprünglich den Krieg verhindern, den er bei Hitlers Politik seit der Sudetenkrise von 1938 unweigerlich kommen sah. Als ihm der Krieg um acht Wochen zuvorkam, wollte auch er durch seine Tat die Beendigung des Krieges fördern. Stauffenberg und seine Mitverschwörer hatten mit der Verfügung über einen Teil des militärischen Apparates die Chance, das Regime durch eine Regierung des „Anderen Deutschland" zu ersetzen. Der Einzelgänger Elser hatte diese Möglichkeit nicht: Alles, worauf er bauen konnte, waren sein handwerkliches Können, seine absolute Verschwiegenheit und die Hoffnung, daß die Beseitigung Hitlers und der Spitze der nationalsozialistischen Führung das Regime mäßigen und den Frieden herbeiführen werde.

Während Stauffenbergs und der mutigen großen Männer des 20. Juli 1944 in jährlichen Feiern gedacht wird, droht der mutige kleine Mann des 8. November 1939 in Vergessenheit zu geraten. Nachdem die Zeitgeschichtsforschung die Motive Elsers geklärt und die Legenden widerlegt hat, daß er im Auftrag der nationalsozialistischen Führung – für ein „gestelltes Attentat" – oder der Gegner Deutschlands im Kriege gehandelt habe, ist es an der Zeit, Elser den gebührenden Platz in der Geschichte des Widerstandes der Deutschen gegen Hitler einzuräumen.

Nicht zuletzt die Tatsache, daß sich sein Attentat in diesem Jahr zum fünfzigsten Male jährt, gibt Anlaß, durch die vorliegende Neuauflage die Erinnerung an Johann Georg Elser wachzuhalten.

Juni 1989   Lothar Gruchmann

Einleitung

Am 8. November 1939, abends gegen 20.45 Uhr, wurde im Garten des Wessenbergschen Erziehungsheims in Konstanz ein Mann von zwei Zollbeamten gestellt, der sich im Dunkeln vorsichtig der Grenze näherte, um illegal in die Schweiz zu gelangen. Die beiden Zöllner hatten sich vor einem offenen Fenster des Erziehungsheims postiert, von wo aus sie ihren Grenzabschnitt überblicken konnten. Dabei lauschten sie der aus dem Innern des Hauses tönenden Rundfunkübertragung der Hitler-Rede aus dem Bürgerbräukeller in München, ohne zu ahnen, daß eben jener Mann mit der dort in Gang befindlichen Traditionsfeier der „Marschierer von 1923" schicksalhaft verbunden war. Der Angerufene, der überrascht stehenblieb und angesichts der mit Karabinern bewaffneten Zollbeamten keinen Fluchtversuch unternahm, wies sich anhand einer abgelaufenen Karte für den kleinen Grenzverkehr als Johann Georg Elser aus und behauptete, einen Bekannten besuchen zu wollen und sich dabei verlaufen zu haben.
Die Durchsuchung jenes Elser im nahegelegenen Zollamt Kreuzlinger Tor förderte neben etwas Bargeld, einer Hartwurst und einer Beißzange, die offensichtlich der Beseitigung von Drahthindernissen an der Grenze hatte dienen sollen, ein Abzeichen des „Roten Frontkämpferbundes", ein Bündel Notizblätter mit Aufzeichnungen über Munitionsherstellung und Rüstungsfabriken in Deutschland, eine unbeschriebene Ansichtskarte vom Saal des Münchner Bürgerbräukellers — der die Beamten keine Beachtung schenkten und die sie in ihrem Bericht daher nicht vermerkten — sowie einige Metallteile wie Spiralfedern, Bolzen und Schrauben zutage, von denen der Festgenommene behauptete, daß sie zu einer Uhr

gehörten. Einer der Zollbeamten, der von seiner Militärzeit her Kenntnisse auf dem Gebiet der Munitionstechnik besaß, sagte dem Verhafteten jedoch auf den Kopf zu, daß es sich um Teile eines Aufschlagzünders handelte.

Nach dieser Vernehmung durch den Zollgrenzdienst, die sich auf die Feststellung der Personalien und der wichtigsten Fakten des illegalen Grenzübertritts beschränkte, wurde der Festgenommene gegen 22 Uhr vorschriftsgemäß dem am Kreuzlinger Tor diensttuenden Beamten der Grenzpolizei übergeben, der dessen Transport zum Grenzkommissariat Konstanz veranlaßte. Erst als um Mitternacht die über Fernschreiber an alle Grenz- und Polizeistationen durchgegebene Meldung am Kreuzlinger Tor eintraf, daß im Bürgerbräukeller ein Bombenanschlag verübt worden sei und daher alle verdächtigen Personen genau überprüft werden sollten, gewann die Tatsache, daß der Verhaftete eine Postkarte vom Bürgerbräukeller bei sich getragen hatte, Bedeutung und wurde vom Zoll nachgemeldet. Angesichts der Nachricht vom Sprengstoffanschlag und der bei dem Festgenommenen gefundenen Gegenstände fügten die Beamten des Grenzkommissariats Konstanz ihrem Bericht an die Staatspolizeileitstelle Karlsruhe den Hinweis hinzu, daß der Verhaftete mit dem Attentat in irgendeinem Zusammenhang stehen könnte.

Was war in München geschehen? Um 21.20 Uhr — über eine halbe Stunde, nachdem jener Georg Elser in Konstanz verhaftet worden war — wurde der Bürgerbräukeller durch eine gewaltige Detonation erschüttert. Die Säule, vor der Hitlers Rednerpult stand und die einen Teil der Deckenkonstruktion des Saales trug, wurde durch die Explosion auseinandergerissen, Eisenträger sowie ein Teil der Decke und der Galerie stürzten auf die Versammelten herab. Sechs der „Alten Kämpfer" und eine Kellnerin wurden getötet — ein weiterer erlag sechs Tage später seiner Verwundung —, 63 Personen wurden verletzt, davon 16 schwer. Die Stelle, an der Hitler während der Rede gestanden und seine engsten Mitarbeiter gesessen hatten, war von meterhohem Trümmerschutt bedeckt.

Der Mann, dem dieser Anschlag gegolten hatte — Hitler — hatte zehn Minuten vor der Explosion den Saal verlassen. Ursprünglich hatte er zu dieser Veranstaltung, die in diesem Jahr zum ersten Mal im Kriege abgehalten wurde, überhaupt nicht kommen wollen. An seiner Stelle hatte der „Stellvertreter des Führers" Rudolf Heß sprechen sollen. Erst am Abend des 7. November hatte sich Hitler entschlossen, wenigstens kurz an der Gedenkfeier teilzunehmen. Während er bei dieser Gelegenheit sonst ungefähr von 20.30 bis 22 Uhr zu sprechen pflegte, wurde seine Rede diesmal um eine halbe Stunde vorverlegt und dauerte nur eine knappe Stunde: Hitler traf pünktlich um 20 Uhr im Bürgerbräukeller ein und sprach von 20.10 bis 21.07 Uhr. Entgegen seiner Gewohnheit, sich anschließend noch im Kreise der „Alten Kämpfer" aufzuhalten, verabschiedete er sich unmittelbar nach Schluß der Rede und verließ zusammen mit seiner Begleitung die Versammlung, um den 21.31 Uhr abfahrenden Sonderzug nach Berlin zu erreichen. Dieser Sonderzug war von der Reichsbahndirektion eingesetzt worden, da ein rechtzeitiger Flug wegen der Wetterlage nicht hatte garantiert werden können. Die Führerschaft der Bewegung und die übliche Polizeieskorte geleiteten Hitler zum Bahnhof.

Die offizielle Version, daß Hitler in Berlin „dringende Staatsgeschäfte" erwarteten, ist später verschiedentlich angezweifelt worden. Demgegenüber ist festzustellen, daß Hitler in jenen Tagen tatsächlich andere Sorgen hatte, als seine Zeit mit alten Parteikameraden zu verplaudern: Trotz der Bedenken der Generäle des Heeres hatte er den 12. November als Termin für den Angriff im Westen festgesetzt. Am 5. November war es deswegen zu einer dramatischen Auseinandersetzung mit dem Oberbefehlshaber des Heeres, Generaloberst v. Brauchitsch, gekommen, der noch einmal alle im Augenblick gegen eine solche Offensive sprechenden Gründe in einem Memorandum zusammengefaßt und Hitler vorgetragen hatte. Am 7. November waren wegen der schlechten Wetteraussichten alle bereits angelaufenen Transportbewegungen wieder gestoppt, der Angriffstermin zunächst um drei Tage verschoben und eine endgültige Beschlußfassung über diesen Termin auf den 9. November festgesetzt worden. Hitlers Wunsch, an diesem Tage wieder in Berlin zu sein und dafür als einzige bequeme Möglichkeit den vorgesehenen Nachtzug zu benutzen, ist daher nur zu verstehen.

Auf dem Wege nach Berlin wurde der Zug in Nürnberg angehalten und Hitler von dem Anschlag und seinen Auswirkungen unterrichtet. Hitler ließ sich telefonisch mit dem Gauleiter von München-Oberbayern, Adolf Wagner, und dem Münchner Polizeipräsidenten verbinden, die beide am Tatort weilten. Der Polizei konnte er in diesem Falle allerdings kein Versäumnis ihrer Pflichten vorwerfen, da nach seiner eigenen Entscheidung die Verantwortung für den Schutz der Bürgerbräu-Versammlung bei den „Alten Kämpfern" selbst lag. Mit der Leitung der Sicherungsmaßnahmen für die Traditionsfeier, die freilich nur in einer einfachen Inspektion des Saales vor Beginn der Veranstaltung, im Aufstellen von Posten in den angrenzenden Räumen sowie in der Kontrolle und Beobachtung der Teilnehmer bestanden, war der „Alte Kämpfer" Josef Gerum betraut, der als Beamter bei der Staatspolizeileitstelle München tätig war. Den Polizeibeamten wurde der Zutritt zum Saal, in dem die Marschierer von 1923 mit ihrem Führer unter sich sein wollten, grundsätzlich verweigert: die Polizeieskorte, die Hitler von seiner Wohnung zum Bürgerbräukeller zu geleiten pflegte, konnte ihn erst nach der Veranstaltung wieder in ihre Obhut nehmen.

Als Hitler am 9. November um 10.20 Uhr auf dem Anhalter Bahnhof in Berlin von Göring und dem Chef der Reichskanzlei begrüßt und beglückwünscht wurde, waren die Maßnahmen zur Aufklärung des Attentats längst angelaufen: Noch in der Nacht wurde auf Befehl des Reichsführers-SS und Chefs der Deutschen Polizei Himmler aus Beamten der Gestapo und der Kriminalpolizei eine „Sonderkommission Bürgerbräuattentat" mit Sitz in der Staatspolizeileitstelle München, Wittelsbacher Palais in der Brienner Straße, gebildet. Ihre Leitung übernahm der Chef des Reichskriminalamts im Reichssicherheitshauptamt, Reichskriminaldirektor Nebe. Die Sonderkommission teilte sich in eine Tatortkommission unter Regierungs- und Kriminalrat Lobbes von der Kriminalpolizei und in eine Täterkommission unter SS-Obersturmbannführer Regierungs- und Kriminalrat Huber von der Gestapo, der als Kenner der Münchner Verhältnisse nachträglich von Wien herbeigerufen wurde. Während die erstgenannte Kommission daranging, die Trümmer des Bürgerbräukellers zentimeterweise nach Metallteilen und Sprengstoffspuren zu durchsuchen und den Schutt nach einem Quadratmeterraster systematisch zu sortieren, um durch die Lage der von ihrem ursprünglichen Platz geschleuderten Bruchstücke Ausgangspunkt, Stärke und Richtung der Explosion festzustellen, begann die zweite Kommission damit, alle Hinweise und Spuren zu verfolgen, die zur Feststellung des Täters führen konnten. Auf Weisung Himmlers waren Pächter und Angestellte des Bürgerbräukellers vorsorglich in Haft genommen worden. Für die Feststellung der Täter wurde eine Belohnung von 600000 RM, für entsprechende Angaben, die bei einer deutschen Vertretung im Ausland gemacht würden, zusätzlich 300000 RM ausgesetzt, die in ausländischer Währung gezahlt werden sollten.
Im Geheimen Staatspolizeiamt in Berlin, Prinz-Albrecht-Straße, wurden die Meldungen der Polizei- und Grenzsta-

tionen über die Verhaftung Verdächtiger — ihre Zahl belief sich allein in dieser Nacht auf 120 — geprüft und diejenigen Fälle ausgewählt, die von der Täterkommission bearbeitet werden sollten. Unter diesen Berichten befand sich das Fernschreiben der Staatspolizeileitstelle Karlsruhe, das die Verhaftung jenes Georg Elser in Konstanz mit ihren Begleitumständen meldete. Das Grenzkommissariat Konstanz erhielt daraufhin den Befehl, Elser ins Wittelsbacher Palais nach München zu bringen, und die Täterkommission wurde angewiesen, diesen Verdächtigen besonders scharf unter die Lupe zu nehmen. In München neigten jedoch die Beamten dieser Kommission nach einem ersten Verhör dazu, den illegalen Grenzgänger als flüchtigen Wehrdienstverweigerer und wegen der mitgeführten Aufzeichnungen als Spion einzustufen, ihn dagegen aus dem Kreis der möglichen Täter auszuscheiden: Zünderteile und „Visitenkarte" mit Ansicht vom Bürgerbräukeller waren als Beweisstücke zu schön, um wahr zu sein. Aber dann vermehrten sich durch die in München vorgenommenen Ermittlungen die Verdachtsmomente gegen Elser: Die Aussagen der Bürgerbräu-Angestellten und eines Geschäftsmannes, der als Lieferant von im Schutt geborgenen Isoliermaterial ausfindig gemacht wurde, wiesen auf den kleinen Mann mit schwäbischem Dialekt hin; auch konnte Elser über den Zweck seines Aufenthalts und seine Tätigkeit während der letzten Monate in München keine klare Auskunft geben. Am 13. November vernahm der Leiter der Täterkommission, Kriminalrat Huber, den Verdächtigen selbst. Da unterdessen am Tatort festgestellt worden war, daß die Sprengstelle sich in der Säule dicht über dem Fußboden der Galerie befunden, der Täter also kniend gearbeitet haben mußte, ließ sich Huber im Laufe des Verhörs Elsers Knie zeigen, die entzündete und wunde Stellen aufwiesen. Da Elser angesichts der sich häufenden Indizien wankend zu werden schien — er erkundigte sich nach der Strafe für denjenigen, der „so etwas" mache —, ordnete Huber für die Nacht die Fortsetzung des Verhörs durch einen anderen Beamten an. Gegen Mitternacht wurde der Leiter der Sonderkommission Nebe benachrichtigt, daß Elser gestehen wolle, und noch in derselben Nacht wurde im Wittelsbacher Palais Elsers Geständnis im Beisein von Nebe, Huber und Lobbes bis in die frühen Morgenstunden des 14. November aufgenommen. Das von Elser und den drei Genannten unterzeichnete Vernehmungs- und Geständnisprotokoll ist nach dem Kriege nicht mehr aufgetaucht und wohl auch nicht erhalten geblieben.

Da Hitler, Himmler und der Chef des Geheimen Staatspolizeiamtes, SS-Oberführer Müller, im Gegensatz zu den Vernehmungsbeamten der Sonderkommission die Alleintäterschaft Elsers nicht wahrhaben wollten und daher mit dem Ermittlungsergebnis der Kommission unzufrieden waren, wurde die weitere Untersuchung des Falles nunmehr ausschließlich in die Hände der Gestapo gelegt, die die vermuteten „ausländischen Hintermänner" ausfindig machen sollte. Schon in den ersten Pressemeldungen vom 9. November war das Attentat auf Weisung des Propagandaministeriums mit dem britischen Geheimdienst in Verbindung gebracht worden. Als das Deutsche Nachrichten-Büro (DNB) am 21. November Elsers eine Woche vorher abgelegtes Geständnis bekanntgab, behauptete es, der Intelligence Service sei „Auftraggeber bzw. Geldgeber" des Attentats und der seit 1933 im Exil lebende Otto Straßer — der sich 1930 mit Hitler überworfen und mit seinen Anhängern die NSDAP verlassen hatte — habe es als Verbindungsmann in britischem Auftrag organisiert. Der „Völkische Beobachter" vom 23. November versuchte die von einem Spezialkommando der SS am 9. November aus den Niederlanden bei Venlo gewaltsam über die Grenze nach Deutschland verschleppten Mitarbeiter des britischen geheimen Nachrichtendienstes Captain Best und

Major Stevens, die mit dem Attentat nicht das geringste zu tun hatten, als „Hintermänner" hinzustellen. In einem detaillierten Bericht vom 24. November schilderte das DNB die Überführung Elsers und gab an, daß die weiteren Untersuchungen zur Feststellung der Auftraggeber des Attentats geführt hätten, fügte indessen hinzu, daß die „genauen Ergebnisse dieser Untersuchungen... begreiflicherweise erst vor der Öffentlichkeit unterbreitet werden können, wenn es der Stand des polizeilichen Gesamtermittlungsverfahrens zuläßt". Auf diese Ergebnisse sollte die Öffentlichkeit vergebens warten.

Nach seinem Geständnis vom 14. November wurde Elser ins Geheime Staatspolizeiamt nach Berlin gebracht. Obwohl er auf Anordnung Himmlers mehrmals „verschärften Vernehmungen" unterzogen, d. h. körperlich mißhandelt wurde, blieb er dabei, das Attentat allein geplant, vorbereitet und ausgeführt zu haben. Der Versuch, ihn durch eine Gegenüberstellung mit seiner vorübergehend verhafteten Mutter weich zu machen und zu einer anderen Aussage zu bewegen, brachte Elser lediglich zum Weinen und scheiterte. Seine Verwandten, die als mögliche Mitwisser bereits verhaftet und vernommen worden waren, als sich der Verdacht gegen Elser verstärkt hatte, wurden in Berlin abermals ohne Ergebnis verhört. Eine bei der Staatspolizeileitstelle Stuttgart gebildete Kommission untersuchte in Elsers schwäbischer Heimat systematisch Vorleben, Bekanntschaften, Beziehungen und politische Vergangenheit des Täters, ohne einen Beweis dafür zu entdecken, daß er von jemandem angestiftet und in fremdem Auftrag tätig geworden wäre.

In dem Protokoll, das drei Polizeikommissare von Elsers Vernehmung in den Tagen vom 19. bis zum 23. November 1939 anfertigten und dessen Wortlaut hier veröffentlicht wird, schildert Elser sein Leben und seine berufliche Tätigkeit, seine religiöse und politische Einstellung, seine Motive für die Tat und die Ausführung des Anschlags vom Entschluß im Herbst 1938 bis zur Vollendung und Verhaftung am 8. November 1939. Dazu zeichnete Elser im Auftrag der Gestapo aus dem Gedächtnis erneut die Konstruktionspläne für seinen Zeitzünderapparat, die dem Protokoll als Anlage beigefügt wurden, aber nicht erhalten geblieben sind. Seine Angaben können in allen wesentlichen Punkten durch Nachkriegsaussagen von Polizeibeamten, die seinerzeit mit den Ermittlungen betraut waren, sowie von Elsers Angehörigen und Bekannten als zutreffend bestätigt werden. Die Tatsache, daß das Protokoll keine Hinweise auf Beziehungen Elsers zu ausländischen Agenten enthält und daher den Wünschen der damaligen Machthaber in keiner Weise entsprach, rechtfertigt ferner den Schluß, daß es von der Gestapo nicht manipuliert wurde. Auch enthält das Protokoll verschiedene, für das nationalsozialistische Regime recht peinliche Aussagen: so den Hinweis auf die verschlechterten materiellen Lebensbedingungen der Arbeiterschaft, auf die Unzufriedenheit der Arbeiter, auf die Senkung der Löhne und die Erhöhung der Abzüge bei Schreinern und anderen Berufsgruppen, auf den zunehmenden Zwang im beruflichen und religiösen Bereich, auf Hitlers expansive Außenpolitik und seine Schuld am Ausbruch des Krieges; — Aussagen, die die Vernehmungsbeamten von sich aus kaum hineingeschrieben hätten. Im Gegenteil haben letztere sich offensichtlich ziemlich eng an Elsers Redewendungen gehalten; so erschien ihnen z. B. bei dem Abschnitt über Elsers Sexualleben der entschuldigende Vermerk angebracht, daß die Niederschrift „aus der volkstümlichen Ausdrucksweise des Beschuldigten übernommen" worden sei.

Bei den protokollierten Aussagen Elsers zeigt sich zwar gelegentlich, daß er bestrebt war, möglichst wenige Personen — etwa Angehörige des Bürgerbräu-Personals — zu belasten, die sein Vorhaben durch Nachlässigkeit, Gedankenlosigkeit oder

Vertrauensseligkeit unbewußt begünstigt hatten. Jedoch kann die Kenntnis von den Vorbereitungen des Attentats dank Elsers weitgehend belegbarem Bericht soweit als gesichert angesehen werden, daß dadurch die Legende von irgendwelchen „Hintermännern" zerstört ist. In einer jüngst veröffentlichten, grundlegenden Untersuchung über das Bürgerbräuattentat wurde die Alleintäterschaft Elsers bereits überzeugend nachgewiesen*. In ihr wurde sowohl mit der These von einer ausländischen Urheberschaft des Attentats aufgeräumt — die von der nationalsozialistischen Propaganda vertreten wurde und später durch Berichte deutscher Emigrantenkreise in London neue Nahrung erhielt —, wie auch die These von einem durch die Nationalsozialisten selbst „gestellten Attentat" widerlegt, das den Glauben des deutschen Volkes an die Sendung Adolf Hitlers erneuern und stärken sollte, — eine These, die hauptsächlich auf Nachkriegsberichten von SS-Bewachern und Mithäftlingen über angebliche Mitteilungen Elsers sowie auf dem besonderen Umstand von Hitlers rechtzeitigem Aufbruch aus dem Bürgerbräukeller beruhte. Dank dieser Untersuchung können wir uns zu diesem Problem auf einige wenige Überlegungen beschränken, die überwiegend von den im Protokoll selbst verzeichneten und durch andere Dokumente bestätigten Tatsachen ausgehen: Hätten Himmler und die SS den für ein „bestelltes Attentat" gedungenen Elser der Gefahr vorzeitiger Entdeckung durch Nichteingeweihte ausgesetzt, indem sie ihn Zünder und Sprengstoff in verschiedenen Betrieben zu-

---

* Anton Hoch, Das Attentat auf Hitler im Münchner Bürgerbräukeller 1939, Vierteljahrshefte für Zeitgeschichte, Jg. 17 (1969), S. 383 bis 413. Es ist das Verdienst Hochs, zu diesem Thema eigene Recherchen durchgeführt sowie alle erreichbaren Unterlagen und Zeugenaussagen gesammelt und im Zeugenschrifttum des Instituts für Zeitgeschichte unter der Signatur ZS/A-17 zusammengefaßt zu haben. Auf diesem Material basieren auch vorliegende Einleitung und Kommentierung des Vernehmungsprotokolls.

sammenstehlen ließen, ihn die Höllenmaschine selbst konstruieren, unter Inanspruchnahme beliebiger fremder Handwerker anfertigen und in monatelanger Arbeit in den Bürgerbräukeller einbauen ließen? Glaubt man im Ernst, daß sich Hitler der Gefahr ausgesetzt hätte, eine Stunde lang neben einer tickenden Höllenmaschine zu stehen, die von einem wenn auch technisch begabten Laien zusammengebastelt war, von dem niemand wissen konnte, ob auf ihn und seinen Zeitzünder Verlaß war? Wäre zur Aufklärung des Attentats und für die Suche nach „Hintermännern" ein Heer von nichteingeweihten Polizeibeamten herangezogen worden, wodurch sich die Wahrscheinlichkeit vergrößerte, daß gerade jene Zusammenhänge zutage gefördert wurden, die unentdeckt bleiben sollten? Wären dann von höchster Stelle „verschärfte Vernehmungen" angeordnet worden, bei denen womöglich Elser seinen Peinigern gegenüber — die ja nur die Untergebenen seiner „Auftraggeber" gewesen wären — sein hartnäckiges Schweigen gebrochen hätte? Hätte man Elser schließlich zunächst ohne weiteres laufen lassen und seine Verhaftung an der Grenze mehr oder weniger dem Zufall und den Organen des Zollgrenzschutzes überlassen — dem damals die Bewachung der „grünen Grenze" anvertraut war und der zu dieser Zeit noch dem Reichsfinanzministerium und nicht dem Reichssicherheitshauptamt unterstand —, und wäre damit das Risiko eingegangen, daß Elser tatsächlich ins Ausland gelangte und durch Verbreitung des wahren Sachverhalts seine Auftraggeber kompromittierte? Fragen über Fragen, die angesichts der im Protokoll festgehaltenen Tatsachen ein „bestelltes Attentat" absurd erscheinen lassen. Vor allem aber hätte man in diesem Falle jenen Elser, der schließlich einen Mordversuch am Staatsoberhaupt des Deutschen Reiches gestanden hatte und der Tötung von acht Menschen überführt war, als Mitwisser schnellstens liquidiert. Statt dessen wurde Elser — nachdem auch die geübten Experten der Gestapo beim Aufspüren von Hintermännern versagt hatten — von der Prinz-Albrecht-Straße in das ungefähr dreißig Kilometer nördlich von Berlin gelegene Konzentrationslager Sachsenhausen gebracht. Dort bekam er im gemauerten „Zellenbau", in dem übrigens auch die Engländer Best und Stevens inhaftiert waren, als bevorzugt behandelter Sonderhäftling eine geräumige Zelle zugewiesen, die durch Entfernung der Zwischenwände aus drei normalen Zellen gebildet worden war. Neben verpflegungsmäßigen Vergünstigungen wurden ihm eine Hobelbank und Tischlerwerkzeug zur Verfügung gestellt, mit denen er nach Belieben Holzarbeiten und Schnitzereien für die Wachmannschaften anfertigte. Soweit nicht schon während der Berliner Haftzeit geschehen, baute er wohl hier im Auftrag der Gestapo auch seine Höllenmaschine noch einmal nach. Dem „kleinen Schorsch", wie er im Lager genannt wurde, war es erlaubt, mit einem selbstgebauten Lochbillard zu spielen und auf der Zither zu musizieren. Je zwei SS-Bewacher, die sich mit in seiner Zelle aufhielten und auch nachts gegenseitig ablösten, durften ihn keine Sekunde aus den Augen lassen, um einen Selbstmord und jeden Kontakt mit anderen Häftlingen zu verhindern. Vielleicht hat Elser hier einem seiner Wächter die Story erzählt, daß er das Attentat auf persönlichen Befehl Hitlers durchgeführt habe und ihm dafür eine Villa und eine Staatspension versprochen worden seien, — um sich als „Ehrenhäftling Hitlers" auch bei den unteren Chargen eine wohlwollende Behandlung zu sichern.

Über die wahren Gründe für die bevorzugte Behandlung Elsers im Konzentrationslager gibt es keine aufklärenden Dokumente. Wir sind hier auf überlieferte Gespräche mit hohen NS-Führern angewiesen, die in Sekundärquellen erwähnt werden und besagen, daß Elser für ein später beabsichtigtes Propagandaschauspiel „konserviert" wurde. Hitler, der von Anfang an unbeirrbar an Hintermänner glaubte, wollte sich mit dem „Versagen" der Gestapo einfach nicht abfinden. Himmler mußte daher bestrebt sein, auch die geringste Chance wahrzunehmen, um die Scharte seiner Polizei auswetzen und Hitlers Eingebung bestätigen zu können. Vielleicht gelang es nach dem Endsieg, in Londoner Archiven „Beweisdokumente" oder die benötigten britischen „Zeugen" aufzutreiben, um Elser, Best und Stevens in einem Schauprozeß verurteilen zu können? Vielleicht hofften die nationalsozialistischen Führer auch, Elser entweder durch das Versprechen, ihm als dem „verführten kleinen Mann" das Leben zu schenken, oder durch geeignete Gestapo-Zwangsmethoden gefügig machen und als Kronzeugen präparieren zu können, der in einem solchen Schauprozeß gegen den britischen Geheimdienst und Otto Straßer aussagte. Neben der Rehabilitierung von Himmlers Sicherheitspolizei und SD hätte ein solcher Enthüllungsprozeß, in dem die „perfide", mit den Methoden des heimtückischen Meuchelmords arbeitende englische Politik angeprangert wurde, zugleich das richtige propagandistisch-psychologische Klima für die England aufzuerlegenden Friedensbedingungen schaffen können. Bei der Erregung, die schon die bloße Behauptung einer englischen Urheberschaft des Attentats bei gutgläubigen Deutschen verursacht hatte — die SD-Berichte zur innenpolitischen Lage vom November 1939 sprachen von „Erbitterung" und „Haßstimmung" gegen England sowie von der in Gesprächen häufig geäußerten Forderung, London zur Vergeltung „in Schutt und Asche legen" zu lassen —, ist leicht auszumalen, welche Reaktion erst eine solche, durch detaillierte Aussagen und „Beweise" untermauerte Feststellung hätte hervorrufen können.

Ende 1944 oder Anfang 1945 wurde Elser von Sachsenhausen ins Konzentrationslager Dachau überführt und im „Kommandantur-Arrest" untergebracht, einer Abteilung für begünstigte Sonderhäftlinge, die z. B. den Münchner Domkapitular Neuhäusler, seit Dezember 1941 Major Stevens, im April 1945 dann auch Captain Best und andere prominente Gefangene wie den österreichischen Bundeskanzler Schuschnigg, den ehemaligen französischen Ministerpräsidenten Léon Blum, Reichsbankpräsident Schacht, Generaloberst Halder, General v. Falkenhausen, Oberst im OKH Bonin, Fritz Thyssen und Pastor Niemöller beherbergte. Elser genoß in Dachau ähnliche Vergünstigungen wie in Sachsenhausen, war aber auch hier strengster Isolierung unterworfen. Als jedoch der Zusammenbruch des nationalsozialistischen Regimes, mit dessen Gedeih und Verderb Elsers Leben auf so sonderbare Weise verknüpft war, unabänderlich bevorstand, wurde seine Existenz für das Regime wertlos: Am 5. April 1945 sandte das Geheime Staatspolizeiamt — nachdem es zum Fall Elser „erneut an höchster Stelle Vortrag gehalten" hatte — dem Kommandanten von Dachau die Weisung, daß Elser bei einem der nächsten Luftangriffe auf München oder die Umgebung von Dachau möglichst unauffällig zu liquidieren sei und als tödlich verletzt gemeldet werden sollte. Schon einige Tage darauf — wahrscheinlich am 9. April 1945, zwanzig Tage vor der Befreiung des Lagers durch die Amerikaner — wurde Elser in Dachau getötet.

Der Mann von kleiner körperlicher Statur mit welligem, dunklem, ungescheitelt nach hinten gekämmtem Haar und hellen Augen, den das Schicksal an jenem Apriltag ereilte, besaß einen bescheidenen und zurückhaltenden Charakter. Als die Gestapo im Zuge ihrer Ermittlungen über seine Person Nachforschungen anstellte, erfuhr sie von niemandem etwas Nachteiliges: bei seinen Bekannten galt er als gutmütig und hilfsbereit; Streit hatte er nur mit seiner Verwandtschaft, von der er sich ungerecht behandelt fühlte. Elser war ein typischer Einzelgänger, ein schweigsamer und zäher Tüftler und Bastler, der hinsichtlich seiner handwerklichen Arbeiten von einem starken Geltungstrieb befallen war: auf diesem

Gebiet war er außerordentlich selbstkritisch und gab kaum ein Stück aus der Hand, das nicht zu seiner Zufriedenheit gediehen war und bei anderen Anerkennung finden konnte. Gewiß mag ihn daher auch die rein technische Leistung des Attentats mit einem gewissen Stolz erfüllt haben; immer wenn die Vernehmung auf diesen Punkt zu sprechen kam, soll er seine Konstruktion mit sichtlichem Eifer erläutert haben. Aber Elser war deshalb noch lange kein Herostrat: verbrecherische Ruhmsucht, die selbst um den Preis des eigenen Lebens befriedigt werden will, war nicht das Motiv für seine Tat. Bei allen handwerklichen und technischen Fähigkeiten war Elser nicht gebildet und für geistige Dinge wenig aufgeschlossen. Wie er im Protokoll zugab, las er keine Bücher und nur selten Zeitungen. Daher war er auch in dem Sinne „unpolitisch", daß er weder ideologisch geschult, noch an politischen Diskussionen interessiert war. Zwar war er Mitglied des Roten Frontkämpferbundes und der Gewerkschaft des Holzarbeiterverbandes, trat aber nirgends aktiv in Erscheinung und besuchte höchst selten die Versammlungen. Allein seiner Herkunft nach fühlte er sich der Arbeiterschaft zugehörig: bei den Wahlen vor 1933 gab er seine Stimme stets der KPD, nicht weil er ihr ideologisches Programm studiert und gebilligt hätte, sondern einfach deshalb, weil sie die soziale Lage der arbeitenden Schichten zu bessern versprach. Daß dieser schweigsame Mann Hitler und den Nationalsozialismus ablehnte, war selbst für seine nähere Umgebung nur aus gelegentlichen Bemerkungen oder aus der Tatsache erkennbar, daß er bei Aufmärschen die Hakenkreuzfahne nicht grüßen wollte. Die Gründe für diese Ablehnung und die Motive für seine Tat gewann er überwiegend aus der Beobachtung seines unmittelbaren Lebenskreises: daraus, daß die Löhne für Schreiner geringer und ihre Abzüge größer waren als einige Jahre zuvor, daß die persönliche Freiheit auf den verschiedensten Lebensgebieten

eingeengt wurde, daß auch die Arbeiter anderer Berufsgruppen unzufrieden waren und auf Regierung und Partei schimpften. Als im Herbst 1938 während der Sudetenkrise in weiten Kreisen der Bevölkerung von einem bevorstehenden Krieg gesprochen wurde, wurde auch Elser von dieser Unruhe erfaßt. Er hörte ausländische Sender und gewann die Überzeugung, daß Hitlers Politik, immer größere Forderungen zu stellen und immer mehr „fremdes Land einbeziehen" zu wollen, unvermeidlich zum Kriege führen werde. In dieser Einschätzung der Außenpolitik Hitlers und ihrer Folgen bewies der einfache Handwerksgeselle mehr gesunden Menschenverstand als mancher Intellektuelle. So reifte in ihm der Gedanke, daß diese Entwicklung nur aufgehalten bzw. der leichtfertig begonnene Krieg — von dem er acht Wochen vor seiner Tat doch noch eingeholt worden war — nur beendet werden könne, wenn die augenblicklichen „Obersten" beseitigt würden, um gemäßigteren Männern Platz zu machen; den Nationalsozialismus als solchen zu beseitigen, kam ihm als unmögliches Unterfangen von vornherein nicht in den Sinn. Seit jenem Herbst richtete er ein ganzes Jahr lang sein Leben nur nach diesem einen Ziel aus, — selbst einem Uhrwerk vergleichbar, das unwiderruflich in Gang gesetzt war und unaufhaltsam der Selbstzerstörung entgegeneilte.
Elser wurde zu einem von einer fixen Idee besessenen Fanatiker, aber er war kein von niedrigen Instinkten, krankhafter Ruhmsucht oder Lust am Töten getriebener Krimineller. Daß Elser keine Verbrechernatur war, mußten ihm selbst seine Gegner bescheinigen, als sie ihn im „Völkischen Beobachter" vom 22. November 1939 charakterisierten: „... Dieser Mann dort hat keine auffällige Verbrecherphysiognomie, sondern intelligente Augen, leise, vorsichtig abwägende Ausdrücke, die Vernehmungen dehnen sich endlos, jedes Wort überlegt er lange und genau, bis er Antwort gibt, und wenn man ihn dabei beobachten kann, vergißt man einen Augenblick,

vor welchem satanischen Untier man steht, welche Schuld, welche grausige Last dieses Gewissen dort scheinbar so leicht zu tragen imstande ist." Aber Elser war alles andere als ein gewissenloser Mensch: Mehrmals während der Vorbereitung des Attentats ging er allein in diese oder jene Kirche und suchte im Gebet Stärkung für sein Vorhaben, das er immer mehr als seine ureigenste, unverzichtbare Aufgabe empfand. Er rang sich schließlich zu der Auffassung durch, daß die geplante Tat keine Sünde im Sinne seiner protestantischen Religion darstelle, da er durch sie größeres Blutvergießen verhindern wollte. Daß Hitlers Leben geopfert werden müsse — eine Erkenntnis, zu der sich die meisten Führer des deutschen Widerstandes erst 1943 durchrangen —, beherrschte seine Vorstellung von Anfang an: der Tod Hitlers war das unmittelbare Ziel seines Unternehmens. Aber wie die Offiziere des 20. Juli mußte er dabei in Kauf nehmen, daß bei dem Sprengstoffanschlag auch Menschen getötet würden, denen das Attentat nicht galt. Elser hat unter dieser Belastung seines Gewissens durchaus gelitten. Als ihm die Gestapo in der Prinz-Albrecht-Straße den Wochenschaufilm von der Trauerfeier für die Opfer seines Anschlags vorführte — offensichtlich, um ihn für weitere Vernehmungen mürbe zu machen —, brach er unter dem Eindruck dieser Bilder zusammen, wurde von Schluchzen geschüttelt und konnte nur hervorbringen: „Das hab' ich nicht gewollt!" Am Ende des vorliegenden Protokolls wird seine Einstellung zu diesem Problem ebenfalls deutlich. Schließlich wurde er vom Zweifel an der Richtigkeit seines Tuns überhaupt befallen und scheint in einem Anflug von Prädestinationsglauben seinen Mißerfolg als ein Zeichen dafür angesehen zu haben, daß seine Tat nicht hatte gelingen sollen und unrecht war.
Es ist müßig darüber nachzusinnen, ob ein Gelingen der Tat Elsers den Lauf der Geschichte geändert hätte. Als Tischlergeselle konnte er keine Verschwörung anzetteln, keinen „El-

ser-Kreis" bilden, keinen Umsturz vorbereiten. Alles was ihm zur Verfügung stand, waren seine technischen und handwerklichen Fähigkeiten, und gerade die konnte er nur in verschwiegenem Alleingang einsetzen. Nur Männer, die in Schlüsselpositionen saßen, hätten seine Tat im Falle des Gelingens nutzen können, um Deutschland zu retten. Die Führer der Militäropposition, die zwischen dem Polenfeldzug und der von Hitler befohlenen Westoffensive erneut aktiv geworden waren – von deren Existenz aber Elser ebensowenig wußte wie sie von ihm –, hatten wenige Tage vorher die Segel gestrichen. Es ist unwahrscheinlich, daß sie Hitlers Tod im Herbst 1939 zum Anlaß genommen hätten, sofort einen Staatsstreich durchzuführen. Denn mit der Beseitigung Hitlers, der in der Frage einer Westoffensive ihren fachmännischen Rat mißachtet hatte, wäre für die Generäle der unmittelbare Grund für einen Putsch entfallen gewesen. Aber in der weiteren Entwicklung hätten sich gemäßigte zivile und militärische Kreise Einfluß verschaffen und gegen die zweite Garnitur nationalsozialistischer Parteiführer ganz anders durchsetzen können als gegen den charismatischen Führer. Die Annahme ist daher nicht abwegig, daß sich Elsers Vorstellung von einer Übernahme der Regierungsgewalt durch gemäßigtere Kreise tatsächlich verwirklicht hätte.

In der Widerstandsliteratur hat die Tat des schwäbischen Handwerkers bislang keine Würdigung gefunden, weil sie von Legenden umwoben war, die ihn als Kreatur und bloßen Handlanger anderer erscheinen ließen und damit diskriminierten. Georg Elser hat das tragische Geschick eines Menschen erfahren, der – ganz auf sich allein gestellt – im Glauben, das Rechte zu tun, auf seinem Weg unbeirrbar voranschritt, dabei auch Schuld auf sich lud und sein Tun schließlich mit dem Leben büßte, ohne die gebührende Anerkennung zu erfahren. Wir sollten nicht vergessen, daß er glaubte, dieses Schicksal für uns alle auf sich nehmen zu müssen.

Sprengstoffanschlag im Bürgerbräukeller, München am 8. November 1939

Vernehmung des Täters

Die Abschrift des Vernehmungsprotokolls fand sich als „Geheime Reichssache" in den Akten des ehemaligen Reichsjustizministeriums und wird im Bundesarchiv unter der Signatur R 22/3100 (früher R 22 Gr. 5/XX-3) verwahrt. Das Dokument wird hier mit freundlicher Genehmigung des Bundesjustizministeriums im Wortlaut und ungekürzt abgedruckt; lediglich auf die Wiedergabe des umfangreichen Sach- und Personenverzeichnisses wurde verzichtet. Aus Gründen des Persönlichkeitsschutzes wurden alle erwähnten Namen — außer denjenigen zeitgeschichtlicher Persönlichkeiten — nur mit den Anfangsbuchstaben wiedergegeben. Sonst blieb der Text unverändert, lediglich Tipp- und Schreibfehler wurden korrigiert. Berichtigungen sinnentstellender oder grober stilistischer Fehler und erklärende Zusätze wurden in eckige Klammern gesetzt. Wichtige Textstellen, die die Tatmotive Elsers und den Fortgang der Attentatsvorbereitungen betreffen, wurden vom Herausgeber hervorgehoben.

Abschrift

Berlin, den 19.11.1939

Vorgeführt erscheint

Elser, Johann Georg,

geb. 4.1.03 Hermaringen/Württemberg, Oberamt Heidenheim, ledig, Schreiner, R.D. [Reichsangehöriger, deutschblütig], zuletzt wohnhaft München, Türkenstraße 94/II bei L., Sohn der Holzhändlerseheleute L. und M. Elser geb. M., in Königsbronn bei Heidenheim wohnhaft, und gibt folgendes an:

A) Zur Person

Ich wurde am 4.1.1903 in Hermaringen als der außereheliche Sohn der M. M. geboren, die seinerzeit bei ihren Eltern, die dort eine Wagnerei und einen landwirtschaftlichen Betrieb innehatten, wohnhaft war. Ein Jahr später hat meine Mutter den Kindsvater L. Elser geheiratet. Durch diese Eheschließung wurde ich legitimiert. Mein Vater L. Elser war in Königsbronn wohnhaft. Er hatte dort ein eigenes Anwesen und hat sich ferner durch Holzfahren und landwirtschaftliche Arbeiten seinen Lebensunterhalt verdient. Nach der Eheschließung hat meine Mutter bei ihrem Ehemann in Königsbronn gewohnt, ich selbst bin mit meiner Mutter ebenfalls dorthin übersiedelt. In Königsbronn war ich ununterbrochen bis zum 15.3.1925 wohnhaft. Meine ganzen Jugendjahre habe ich im Elternhaus verlebt. Bei meinen Großeltern mütterlicherseits in Hermaringen war ich vielleicht im Jahr einmal mit meinen Eltern auf Besuch. Zu meinen Großeltern väterlicherseits, die in Königsbronn wohnten, kam ich öfter sonntags.

Ich durfte meine Eltern zu solchen Besuchen begleiten. Im Lebensalter von 4 Jahren habe ich meine Großeltern in Königsbronn schon allein besucht.

Das nächste Kind meiner Eltern, meine Schwester F., ist 1904 (das genaue Datum weiß ich nicht) geboren. Ob meine Eltern damals schon verheiratet waren oder kurz bevor standen [sic], weiß ich nicht. Meine weiteren Geschwister, insgesamt 4, wurden später geboren. Ungefähr 3 Jahre nach mir, also vielleicht 1906 (genau weiß ich das nicht), wurde meine Schwester M. geboren. Dann kam meine Schwester A., vielleicht 1908 (?). Als letzter bis heute kam mein Bruder L., der 10 Jahre jünger ist als ich, also ungefähr 1913 geboren. In ihren Jugendjahren, bis sie später in die Fremde gingen, waren auch meine Geschwister immer daheim.

Nicht jeden Tag, aber oft kam mein Vater sehr spät nach Hause. Soviel ich weiß, war er oft im Wirtshaus. Meine Mutter hat uns Kindern erzählt, daß sie vom Vater oft geschlagen werde. Gesehen habe ich es allerdings nicht. Ob mein Vater die Mutter nur mit der Hand oder mit einem Stuhl, einer Laterne oder mit sonst etwas geschlagen hat, weiß ich nicht. Es kam vor, daß wir vom Vater, wenn er nachts nach Hause kam, noch zu irgend etwas, z. B. Stiefelausziehen, aus dem Bett geholt wurden. Ich kann mich aber nicht erinnern, und ich glaube es auch nicht, daß er uns nachts im Rausch einmal geschlagen hätte. Von meinem Vater habe ich überhaupt nur Schläge bekommen und dies oft, wenn ich etwas angestellt hatte. Auch von meiner Mutter habe ich gelegentlich, nicht oft, Schläge bekommen. Aufgewacht sind wir nachts immer, wenn mein Vater nachts im Rausch nach Hause kam. Beim Betreten des Hauses hat er immer schon geschimpft. Es war nicht nur so, daß mein Vater etwa nur samstags betrunken war, es kam auch wochentags, ganz unterschiedlich, vor. Soviel ich weiß, hat er lediglich Bier und Wein getrunken. Schnaps glaube ich wenig. Daß mein Vater meiner Mutter

mal versprochen hätte, nicht mehr zu trinken, kann ich mich nicht erinnern, gehört zu haben.
Meine Mutter ist nie ausgegangen. Auch ist mir nicht bekannt, daß sie Alkohol zu sich genommen hat.
Von meinen Großeltern weiß ich nicht, ob sie getrunken haben.
Ich kann mich daran erinnern, daß ich als kleiner Junge in einer kleinen Kammer neben dem elterlichen Schlafzimmer geschlafen habe. Soweit mein Gedächtnis reicht, d. h. bis in die frühe Jugend, kann ich mich nicht erinnern, mit jemand von meinen Geschwistern in einem Bett zusammengeschlafen zu haben. Ich glaube, ich hatte immer mein eigenes Bett allein.
Mein Vater hat sich in der Landwirtschaft wenig betätigt, er hat zuerst Holz geführt [gefahren] und dann später einen eigenen Holzhandel angefangen. Die Hauptlast der Landwirtschaft lag auf meiner Mutter. Ich und meine Geschwister mußten sehr früh im Stall, auf dem Feld und im Haus mithelfen. Ich als der Älteste war auch immer die Kindsmagd für meine jüngeren Geschwister. In der Landwirtschaft halfen meiner Mutter zeitweise Dienstboten. So kann ich mich daran erinnern, daß wir ungefähr ein Jahr lang einen Knecht und später eine Magd hatten. Ich glaube, daß die Magd längere Zeit bei meinen Eltern beschäftigt war. Ob die Magd noch im Hause war, als ich schon zur Schule ging, weiß ich nicht mehr.
Mit 7 Jahren kam ich in Königsbronn in die Schule. Meine ganze Schulzeit verbrachte ich auch dort. In der ersten Zeit hatten wir einen Lehrer namens B., der mir noch als solider Mann in Erinnerung ist, d. h. ich glaube nicht, daß er getrunken hat oder uns ungerecht behandelt hätte. Schläge gab es, soweit ich glaube, immer nur dann, wenn es notwendig war. Ich habe insgesamt 7 Klassen durchgemacht. Immer waren wir Buben und Mädel gemischt. Später haben die Lehrer öfter

gewechselt. Von der ersten bis zur dritten Klasse hatten wir B., dann kam ein Lehrer H. für die vierte und fünfte Klasse. In diesen Klassen unterrichtete auch noch ein Lehrer S., der sich vielleicht auch etwas anders geschrieben hat. In der sechsten und siebenten Klasse unterrichtete der Oberlehrer K. Ich war ein mittelmäßiger Schüler[1], d. h. im Zeichnen, Schönschreiben und Rechnen hatte ich immer gute Noten, im Diktat, Aufsatz und anderen Fächern war ich weniger gut. In Religion hatte ich befriedigend. Schläge bekam ich nicht mehr als die anderen und immer nur dann, wenn ich meine Hausaufgaben nicht richtig gelernt hatte. Ebenso wie B. waren die anderen Lehrer auch gerecht, mit Ausnahme von H., an den ich mich erinnern kann, daß er zwischendurch mal die ganze Klasse einfach verprügelt hat. Gern ging ich in die Schule, wenn im Rechnen, Zeichnen oder Schönschreiben unterrichtet wurde. Sonst war ich vom Schulbesuch nicht begeistert. Soviel mir erinnerlich ist, habe ich aber nie die Schule geschwänzt. Ich fehlte lediglich, wenn ich erkrankt war. In der vierten und fünften Klasse habe ich für gutes Zeichnen ein Schulheft und in derselben Zeit einmal für gutes Rechnen 10 Pfennige meiner Erinnerung nach als Belobigung vom Lehrer bekommen. Soviel mir noch in Erinnerung ist, mußte ich in der sechsten oder siebenten Klasse einmal nachsitzen, da ich meine Religionsaufgaben nicht gelernt hattet. Die Strafe wurde mir von dem Pfarrer zugeteilt, der den Religionsunterricht erteilt hat. Es war Pfarrer H., der während meiner ganzen Schulzeit in Religion unterrichtet hat.

Soviel ich mich erinnern kann, haben sich meine Eltern um die Zeugnisse, die ich aus der Schule heimbrachte, wenig gekümmert. Ich kann mich nicht erinnern, daß sie mal gefragt hätten, ob ich gute oder schlechte Zeugnisse hätte. Zu Hause haben sie mir beide allerdings immer etwas geholfen. Dadurch, daß ich bei den landwirtschaftlichen Arbeiten zu

Hause mithelfen mußte, wurde mir das Lernen ziemlich erschwert. In der Volksschule hatten wir sehr gute und auch sehr schlechte Schulkinder. Eine Klasse setzte sich aus durchschnittlich 30 Kindern zusammen. Die Lehrer waren sehr bestrebt, uns das nötige Wissen beizubringen. In den Fächern, in denen meine Leistungen schwach waren, habe ich wohl auch zu Hause gelernt. Ich habe mich dagegen nicht bemüht, die Leistungen durch eigenen Fleiß zu verbessern.

Meine guten Leistungen in Schönschreiben, Rechnen und Zeichnen sind auf das große Interesse zurückzuführen, das ich schon als Kind für diese Fächer zeigte.

Im Frühjahr 1917 kam ich aus der Volksschule. Bis zum Herbst 1917 habe ich dann meinem Vater beim Holzfahren und meiner Mutter in der Landwirtschaft geholfen. Ich war beim Auf- und Abladen des Holzes behilflich. In der Landwirtschaft verrichtete ich hauptsächlich Feldarbeiten, ferner hatte ich im Stall das Vieh zu füttern. Für diese Arbeiten wurde ich nicht entlohnt, auch habe ich von meinen Eltern keinerlei Taschengeld erhalten. Ich erhielt lediglich meine Verpflegung.

Ebensowenig wie ich sind auch meine Geschwister in der Schule nie sitzen geblieben. Sie waren meinem Denken nach auch mittelmäßig in ihren Leistungen. Sie haben auch 7 Klassen der Volksschule in Königsbronn durchlaufen. Mir ist nicht erinnerlich, ob meine Geschwister ähnlich wie ich besondere Lieblingsfächer hatten.

Wenn ich gefragt werde, ob wir zu Hause während unserer Jugendzeit gut oder schlecht behandelt worden sind, immer genug zu essen bekommen haben usw., so kann ich behaupten, daß wir mit Ausnahme der Kriegszeit nie Not gelitten haben. Das Haus, in dem wir wohnten, gehörte meinen Eltern. Schulden waren allerdings auf diesem Haus, und auch auf dem neuen Haus, das mein Vater inzwischen nach Verkauf des ersten Hauses gekauft hat, befinden sich Schulden.

Die Schulden betragen heute noch ungefähr 4000.— RM. Das erste Haus, in dem meine Eltern nach ihrer Heirat gewohnt haben, hatte, soviel ich weiß, mein Großvater seinem Sohn, meinem Vater, damals gekauft.

Während des Krieges war es zu Hause etwas knapp. Trotz unserer Landwirtschaft mußten wir am Ende eines Jahres meistens ziemlich hungern, weil wir alles abgeben mußten und nur ein bestimmtes Quantum, das ein Jahr lang zum Leben für die Familie ausreichen mußte, behalten durften. Während der ersten Kriegszeit, wie lange weiß ich nicht mehr, war mein Vater mit unseren Pferden und dem Wagen nach Ulm zur Dienstleistung bei Festungsbauarbeiten eingezogen. Als diese Arbeit beendigt war, kam er nach Hause und wurde während des ganzen Krieges nicht mehr im Heer oder sonstwie verwendet. Seit der Rückkehr vom Militär hat mein Vater Königsbronn nicht mehr verlassen. Er war meiner Erinnerung nach auch nicht verreist.

Meine Mutter war lediglich einmal, es dürfte dies im Jahre 1910 gewesen sein, eine Woche von Königsbronn weg. Sie hatte Königsbronn verlassen, nachdem sie von meinem Vater wieder einmal geschlagen worden war. Der Anlaß hierzu ist mir nicht mehr erinnerlich. Sie hat sich während dieser Woche mit uns Kindern in Hermaringen bei ihren Eltern aufgehalten. Eine Schwester meines Vaters veranlaßte meine Mutter wieder zur Rückkehr nach Königsbronn. Sonst ist mir nicht bekannt, daß meine Mutter Königsbronn verlassen hat, mit Ausnahme von Besuchen, die sie bei ihren Eltern abgestattet hat.

Meine Schwester F. hat etwa 1926 den Installateur Willi K. aus Schnaitheim bei Heidenheim geheiratet. Soviel ich weiß, ist K. heute Schweißer. Vor ihrer Heirat war F. in Königsbronn einmal, vielleicht auch zweimal, in der dortigen Zigarrenfabrik tätig. Außerdem war sie als Hausmädchen in der Fremde. Ob dies vor oder nach ihrer Tätigkeit in der Fabrik war und wo sie überall als Hausmädchen beschäftigt war, weiß ich nicht genau, da ich 1925 das Elternhaus verlassen habe. Ich kann mich nur daran erinnern, daß sie einmal in Reutlingen war. Heute lebt F. mit ihrem Mann und glaublich [sic] 3 Kindern in Schnaitheim, wohin sie einige Zeit nach ihrer Verheiratung, nachdem sie zuerst in Köngsbronn gewohnt hatten, verzogen sind. Ob meine Schwester glücklich lebt und die Kinder gesund sind, weiß ich nicht. Als ich sie das letzte Mal vor ungefähr 2 oder 3 Jahren besucht habe, habe ich nichts Besonderes bemerkt. K. arbeitet in einer großen Fabrik und wird gut bezahlt. Mit meinem Schwager K., den ich schon vor seiner Heirat mit meiner Schwester gekannt hatte, stand ich ursprünglich auf gutem Fuß. Erst einige Jahre nach ihrer Heirat entstand mit meiner Schwester und dadurch auch mit deren Mann ein gespanntes Verhältnis. Ein Schrank, den wir im Elternhaus gemeinsam, d. h. meine Schwester F. und ich, gekauft hatten, war die Ursache eines kleinen Streites. Seither habe ich F. und ihren Mann nicht mehr besucht. Andere Ursachen für das derzeitige schlechte Verhältnis bestehen nicht[2].

Meine Schwester M. ist nach ihrer Entlassung aus der Schule zunächst zu Hause beschäftigt gewesen, d. h. das vermute ich mehr, als ich mich daran erinnern könnte. Ich weiß aber, daß sie längere Zeit von zu Hause weg war und als Dienstmädchen und möglicherweise auch in der Landwirtschaft, wahrscheinlich aber nicht in einer Fabrik, tätig war. Es mag sein, daß es M. war, die einmal in einer Fabrik in Herbrechtingen gearbeitet hat. Es kann aber auch sein, daß ich sie hierin mit meiner anderen Schwester F. verwechsele. Vor etwa 2 oder 3 Jahren hat meine Schwester M. nach Stuttgart geheiratet. Ihr Mann, Karl H., ist dort in einem größeren Hotelbetrieb als Metzger beschäftigt, und zwar im „Württemberger Hof". M. wohnt in Stuttgart mit ihrem Mann und einem Kind in der Lerchenstraße 52 in einer Wohnung mit 2 Zimmern und einer Küche. Was H. verdient, weiß ich nicht. Meine Schwester geht noch in die Fabrik, ich glaube zu Bleyle. In der Wohnung ist es sehr sauber und ich glaube, daß die beiden glücklich miteinander leben. Mit H., den ich schon vor der Heirat gelegentlich seiner Besuche in meinem Elternhaus kennengelernt hatte, stand ich immer auf gutem Fuß. Meine Schwester habe ich, seit sie verheiratet ist, drei- oder höchstens viermal besucht. Das erste Mal, als sie die Aussteuer für ihre Wohnung von zu Hause nach Stuttgart mittels eines Autos brachten, wobei ich sie begleitete. Damals blieb ich 2 oder 3 Tage in der Lerchenstraße 52. Ich schlief auch dort, und zwar entweder mit in den Ehebetten oder auf dem Diwan. Genau weiß ich das heute nicht mehr. Zweimal habe ich jedoch bei meinen Besuchen bestimmt mit in den Ehebetten geschlafen. — Das Kind von M. war zum Zeitpunkt der Heirat bereits 7 Jahre alt. H. ist der wirkliche Vater des Kindes Franz. — Damals, bei meinem ersten Aufenthalt[3], war ich meiner Schwester beim Einrichten der Wohnung und Aufstellen der Möbel behilflich. Ferner habe ich die Standuhr nachgefärbt, nachdem die Farbe dieser Uhr nicht zu den Möbeln paßte. An der Standuhr reparierte ich außerdem einen Gongstab, der während des Transportes nach Stuttgart abgebrochen war. Diesen Stab mußte ich an der Eisenplatte anschweißen lassen. An der Uhr mußte ich ferner das Werk einsetzen, die Glasstäbe befestigen und die Uhr einstellen. Die Schweißarbeiten ließ ich bei einem Schlosser oder Flaschner in der Nähe der Wohnung meiner Schwester vornehmen, der Name des Schlossers ist mir nicht mehr erinnerlich. Zu diesem Schlosser bin ich seitdem auch nie mehr gekommen. Nachdem ich diese Arbeiten in der Wohnung verrichtet und die Wohnung eingerichtet hatte, habe ich die Wohnung meiner Schwester verlassen und bin nach Königsbronn zurückgekehrt. In Stuttgart selbst habe ich mich nicht länger aufgehalten. Dort habe ich lediglich eine Wirtschaft, eben-

falls in der Nähe der Wohnung meiner Schwester, aufgesucht, um das Mittagessen einzunehmen. In weitere Lokale bin ich in Stuttgart nicht gekommen. Mit weiteren Leuten bin ich in Stuttgart seinerzeit nicht in Verbindung gekommen. Es kann sogar sein, daß der erwähnte Wirtschaftsbesuch mit meiner Schwester erst bei einem späteren Besuch in Stuttgart stattgefunden hat. Mit dem erwähnten Schlosser habe ich mich lediglich über die von ihm vorzunehmenden Arbeiten unterhalten. Über irgendwelche andere Dinge, handwerkliche Kniffe oder derartiges, habe ich mit dem Schlosser nicht gesprochen.
Etwa 1 Jahr später, es war im Frühjahr oder im Herbst, die genaue Zeit kann ich nicht mehr angeben, habe ich meine Schwester ohne irgendeinen Anlaß in Stuttgart in der gleichen Wohnung aufgesucht. Ich fuhr seinerzeit von Königsbronn aus mit der Bahn nach Stuttgart. Meine Schwester habe ich, soviel ich mich erinnere, von diesem Besuch vorher nicht in Kenntnis gesetzt. Jedenfalls stand ich überhaupt mit ihr nicht in Briefwechsel. Ich muß ergänzen, daß ich an einem Samstag oder Sonntag von Königsbronn aus zuerst nach Eßlingen gefahren bin, dort meine frühere Hausfrau aus Königsbronn, Else H., mit der ich ein Verhältnis unterhielt, aufgesucht habe, in Eßlingen eine Nacht mit dieser Frau in einer Wirtschaft in der Nähe des Bahnhofs (Name nicht mehr erinnerlich), vom Bahnhofsausgang schräg rechts, — ich würde sie vielleicht wiederfinden — zugebracht habe, um am anderen Tag nach Stuttgart mit dem Zug weiterzufahren. (Die Hausfrau hat mich damals auf die erwähnte Wirtschaft aufmerksam gemacht, ob sie ihr dem Namen nach bekannt ist, weiß ich nicht.) Ich entsinne mich nunmehr, daß es ein Montag war, als ich in Stuttgart meine Schwester besuchte. Ich traf gegen 8 Uhr in Stuttgart ein, begab mich zu Fuß in die Wohnung meiner Schwester in die Lerchenstraße Nr. 52, wo ich meinen Schwager und meinen Neffen antraf. Meine

Schwester war damals nicht zu Hause, nach Angaben meines Schwagers befand sie sich damals bereits in der Fabrik bei Bleyle. Ich habe diesen Tag zusammen mit meinem Schwager verbracht. Ich glaube nicht, daß wir die Wohnung vor dem späten Nachmittag verlassen haben. Es kann allerdings bei diesem Besuch gewesen sein, daß wir nach dem Mittagessen, H. und ich, zusammen einen Spaziergang in einer kleinen Parkanlage mit einem Bach gemacht haben. Ganz bestimmt weiß ich jedoch jetzt, daß ich an diesem Tage meine Schwester M. in der Fabrik (Bleyle) nach Feierabend abgeholt habe. Geschlafen habe ich anläßlich dieses Besuches in der Wohnung meiner Schwester und in Stuttgart überhaupt nicht. Ich bin am selben Tage abends mit dem Zug wieder nach Königsbronn zurückgefahren. Den wahren Grund meines Besuches in Stuttgart, nämlich das Zusammentreffen mit der H. in Eßlingen, habe ich meinem Schwager und meiner Schwester verschwiegen. Ich glaube nicht, daß sie überhaupt über meine Beziehungen zu dieser Frau etwas wissen, von mir jedenfalls nicht. Ich kann mich bestimmt daran erinnern, daß ich an diesem Tage in Stuttgart fremde Personen, d. h. irgend jemand außer meiner Schwester, Schwager und Neffe, nicht getroffen habe. Es sind auch keine anderen Personen in die Wohnung meines Schwagers gekommen. Über was wir alles gesprochen haben, ist mir heute nicht mehr erinnerlich; jedenfalls wird es sich nur um rein familiäre belanglose Angelegenheiten gehandelt haben. Soviel ich nach Überlegung noch weiß, bin ich an diesem Abend zu Fuß und allein zum Bahnhof auf den Zug nach Königsbronn gegangen. Irgendwelches Gepäck habe ich nicht bei mir gehabt. Dies war mein zweiter Besuch bei meiner Schwester. Zu meinem dritten Besuch, der dann anfangs November 1939 stattfand[4], habe ich mich von München aus ungefähr Ende Oktober durch einen Brief bei meiner Schwester angemeldet. Dieser Brief hatte, soviel ich mich noch erinnern kann, ungefähr folgenden Wortlaut:

„Liebe Schwester, Karl und Franzle!
Wie geht es Euch. Ich werde Euch wahrscheinlich anfangs November einen Besuch abstatten. Bitte schreibe mir, ob Du folgende Gegenstände brauchen kannst: Anzüge, Hemden, Socken, Pullover, Photoapparat, 2 Paar Schuhe, mein Schreinerhandwerkszeug, Schirm, 3 Hüte.
Bitte schreibe mir sofort, ob Du Verwendung dafür hast.
        Es grüßt Dich herzlichst
        Georg."
Nach wenigen Tagen erhielt ich von meiner Schwester unter der von mir angegebenen Münchener Adresse, Georg Elser bei L., München, Türkenstraße 94, den Antwortbrief mit ungefähr folgendem Inhalt:
„Über Deinen Brief bin ich erstaunt. Ich verstehe diesen Brief nicht. Ich freue mich, daß Du mich besuchst. Die Sachen kann man heuzutage notwendig brauchen."
Ich erinnere mich nachträglich, daß außerdem auch noch die Frage enthalten war: „Gehst Du zum Militär oder ins Ausland?".
Ohne weitere Nachricht an meine Schwester zu geben, bin ich dann am Montag, dem 6. 11. 1939, mit dem Zug mit meinem gesamten restlichen Gepäck, soweit ich es nicht schon vorausgeschickt hatte, nach Stuttgart gefahren, wo ich nachmittags eintraf. Am Bahnhof abgeholt wurde ich nicht, da meine Verwandten ja nicht wußten, wann ich kam. Mit meinem Handkoffer (das übrige Gepäck war als Passagiergut aufgegeben) ging ich zum „Württemberger Hof" quer über den Bahnhofsplatz hinweg, um meinen dort beschäftigten Schwager zu besuchen. Ein Hotelbediensteter sagte mir, daß seine Arbeitsstelle sich einige Häuser weiter in derselben Straße befinde. Wie bezeichnet, fand ich meinen Schwager, mit Hilfsarbeiten beschäftigt, da er offenbar als Metzger gerade wenig zu tun hatte. Mein Schwager begleitete mich zum Bahnhof zurück, war mir beim Abholen meines Gepäcks behilflich,

rief einen Dienstmann mit Dreiradwagen herbei und ging dann wieder an seinen Arbeitsplatz zurück. Ich fuhr mit dem Dienstmann auf dessen Wagen in die Lerchenstraße 52, wo ich meine Schwester zu Hause antraf[5].

Ich gebe zu, daß ich sowohl von meiner Schwester als auch von meinem Schwager während dieses kurzen Aufenthaltes in Stuttgart und dem Beisammensein gefragt worden bin, was ich denn vor hätte. Ich erklärte, daß ich „über den Zaun" (Grenze) müsse. Die weitere Frage nach dem Warum habe ich immer nur damit beantwortet, daß ich sagte: „Ich muß." Nach dieser meiner kurzen Antwort haben weder Schwester noch Schwager weitere Fragen über den Grund meiner beabsichtigten Reise ins Ausland gestellt. Es kann möglich sein, daß ich hierzu noch erklärt habe: „Es ist nicht zum ändern." Den wahren Grund meiner beabsichtigten Flucht habe ich weder meiner Schwester noch meinem Schwager mitgeteilt oder angedeutet. Weitere diesbezügliche Fragen haben beide an mich nicht mehr gestellt. Sie waren sich zweifellos darüber im klaren, daß ich den Grund meiner beabsichtigten Auslandsreise nicht bekanntgeben werde.

Den großen Holzkoffer[6] verbrachte ich mit meinem Schwager, der in der Zwischenzeit nach Hause gekommen war, in die Küche der Wohnung meiner Schwester. Der Reisekoffer und ein Paket mit Bildern waren bereits vorher durch meine Schwester und mich in die Wohnung und das Holzkistchen und ein Paket mit schmutziger Wäsche von uns beiden in den Keller verbracht worden. In dem Holzkistchen befanden sich Schrauben, Nägel, Werkzeug, mit dem ich zu Hause gearbeitet und gebastelt habe. In der großen Holzkiste befanden sich meine Anzüge, saubere Unterwäsche, 2 halbfertige Uhrengehäuse, die ich nach Fertigstellung verkaufen wollte, ferner befand sich darin eine Pappschachtel, die 3 oder 4 Uhrwerke enthielt. Diese Werke waren für Tischuhren bestimmt. Zwei Werke waren infolge gesprungener Federn defekt. Diese

Werke stammten entweder von der Firma R., Uhrengehäusefabrikation, Meersburg, oder von der Firma Ri., Uhrengroßhandlung in Villingen. Ich erhielt sie meines Wissens im Januar 1932 von der Firma R. als Entschädigung für geleistete Arbeit, nachdem infolge Konkurses oder Vergleichs der fällige Arbeitslohn von RM 176.— nicht bezahlt werden konnte. Bei der Firma R. war ich seinerzeit als Schreiner tätig. Der Koffer, die Pakete und die Kisten habe ich in Gegenwart meiner Schwester und meines Schwagers geöffnet. Die Gegenstände wurden von beiden in Verwahrung genommen. Den in der großen Holzkiste befindlichen Doppelboden habe ich meiner Schwester gezeigt. Ich habe diesen Doppelboden lediglich auf- und wieder zugeschraubt, ohne hierzu eine weitere Erklärung abzugeben. Ob meine Schwester diesbezüglich eine Frage gestellt hat, ist mir nicht mehr erinnerlich. Ich kann auch nicht mit Bestimmtheit angeben, ob ich meinem Schwager diesen Doppelboden gezeigt habe. Sämtliche Gegenstände in den Koffern, Kisten und Paketen habe ich meiner Schwester und meinem Schwager geschenkt. Die Wohnung meiner Schwester habe ich an diesem Abend nicht verlassen. In der Wohnung wurde an diesem Abend kein Besuch empfangen. Meine Schwester hat sich lediglich im Stiegenhaus mit einem mir unbekannten Mann unterhalten, als sie vom Keller in die Wohnung zurückging. Ich ging zu der Zeit meiner Schwester voraus und bin an dieser Mannsperson vorübergegangen. Der Stimme nach dürfte dieser Mann der Ehemann meiner Schwester A. gewesen sein, die in Zuffenhausen verheiratet ist. Der Familienname fällt mir jetzt nicht ein, der Vorname lautet Fritz. Der Inhalt der Unterhaltung der beiden ist mir nicht bekannt, nachdem ich das Gespräch nicht verstanden habe. Auf meine spätere Frage erklärte mir meine Schwester, daß dieser Mann mein Schwager Fritz war. Ich erkundigte mich nun, ob über mich gesprochen wurde, was meine Schwester ebenfalls bestätigt hat. Er hat sie gefragt, ob ich ihr Bruder sei. Mehr wurde über diesen Mann nicht gesprochen. Auf diesen Fritz bin ich nicht gut zu sprechen, da er zu seiner Frau, mit der ich wegen eines Streites mit meiner Mutter verfeindet bin, steht.

Abends bin ich mit meiner Schwester, meinem Schwager und dem kleinen Neffen in der Wohnstube zusammengesessen. Wir haben uns zunächst über Familienangelegenheiten unterhalten. Z. B. haben wir davon gesprochen, wie es unserem Vater geht. Ich sagte in dem Zusammenhang, daß ich vorhätte, noch einmal nach Königsbronn zu fahren, um meinen Vater noch einmal zu sehen. Auch nach Schnaitheim wollte ich noch fahren, um die Familie S. zu begrüßen und deren Tochter Maria noch einmal zu sehen. Bei Familie S. hatte ich gewohnt, ehe ich nach München ging, mit der Tochter Maria hatte ich ein Verhältnis. Hiervon unterrichtete ich meine Schwester und meinen Schwager. Auch an dem Abend wurde ich nochmals gefragt, ob es denn sein müsse, daß ich ins Ausland gehe. Ich sagte wieder: „Es ist nicht mehr zu ändern." Auf die Frage: „Wohin", antwortete ich, daß ich in die Schweiz wolle. Mehr sagte ich auch an diesem Abend nicht. Näheres über die Gründe sagte ich ebenfalls nicht. Soviel ich mich entsinnen kann, hat mich meine Schwester auch nicht ausdrücklich gefragt, ob ich meiner Alimentenzahlungen wegen ins Ausland gehen wolle. Ich nahm allerdings an, daß meine Schwester dies vermuten würde. An weitere Einzelheiten des Gespräches an diesem Tag kann ich mich nicht mehr erinnern. Ich glaube auch nicht, daß mehr gesprochen wurde. Ich ging vor meinen Verwandten zu Bett. Auch stand ich nach ihnen auf. Ich schlief diese Nacht in einem der Ehebetten. Meine Schwester und mein Schwager lagen neben mir, d. h. gesehen habe ich das nicht, aber ich vermute dies, weil ich nicht gesehen habe, daß auf dem Divan ein Bett gerichtet wurde. Als ich am anderen Morgen aufstand, war mein Schwager bereits zur Arbeit gegangen. Am Bett hatte er sich

allerdings von mir verabschiedet, ehe er wegging. Meine Schwester ging an diesem Tage nicht in die Fabrik. Ich weiß nicht, ob sie krank gemeldet war oder ob sie überhaupt nicht mehr ins Geschäft geht. Ich glaube nicht, daß ich meine Schwester gefragt habe, warum sie zu Hause bliebe. Ich frühstückte mit meiner Schwester zusammen und nahm auch das Mittagessen mit ihr zu Hause ein. Ich weiß nicht mehr, ob auch mein Neffe Franz mit uns gegessen hat. Ungefähr um 16 Uhr dieses Tages, des 7. 11. 1939, bin ich mit dem Zug nach München gefahren[7]. Mit der Straßenbahn fuhr ich allein zum Bahnhof. Vor Abfahrt besuchte ich noch meinen Schwager an seinem Arbeitsplatz. Ich nahm nur ganz kurz Abschied. Außer allgemeinen Wünschen wie „Bleib gesund" und „Schreib auch einmal" wurde nichts gesprochen.
Den Entschluß, nach München zu fahren, hatte ich schon ein paar Tage vorher gefaßt. Wie ich aber schon sagte, wollte ich zuerst noch nach Königsbronn und Schnaitheim. Da ich aber an diesem Tage erst zwischen 8 und 9 Uhr aufgestanden war, wäre ich nicht mehr nach München gekommen, wenn ich vorher nach Königsbronn und Schnaitheim gefahren wäre. Ich habe dies zwar nicht nach dem Fahrplan festgestellt, sondern eben geschätzt. Ich weiß nicht mehr genau, ob es bereits am Vorabend oder am Morgen dieses Tages war, als ich meiner Schwester sagte, daß ich noch einmal nach München fahren müsse.

Vermerk: Trotz energischer Vorhalte und Hinweise auf die Unglaubwürdigkeit seiner Behauptungen, bleibt E. bei der Behauptung, nicht mehr zu wissen, ob seine Schwester etwas zu diesem Programmwechsel gesagt hat, bezw. was sie gesagt haben könnte.

Von diesem Tage ab bis heute habe ich meine Schwester und meinen Schwager zum letztenmal gesehen.

Soweit meine Beziehungen zu meiner Schwester M. und meinem Schwager Karl H.

Meine Schwester A. ist ebenfalls verheiratet, und zwar mit einem Schlosser mit Vornamen Fritz, der Familienname fällt mir augenblicklich nicht ein, und ist in Zuffenhausen wohnhaft. In ständiger Verbindung stehe ich weder mit ihr noch mit ihrem Ehemann. Das letztemal habe ich die A. im Herbst vorigen Jahres gesehen, als sie meine Eltern in Königsbronn besuchte.

Mein Bruder L. wohnt in Königsbronn im elterlichen Hause, für das er als Miteigentümer eingetragen ist. Er ist von Beruf Schreinergeselle und war zuletzt im Hüttenwerk Königsbronn beschäftigt. Er ist verheiratet und hat 1 Kind. Bis zu diesem Frühjahr stand ich gut mit ihm. Seither schlecht, weil er sich meines Erachtens mit seiner Frau in das Haus hineingedrängt hat[8].

Vermerk: Nach Abschluß der Vernehmung über die familiären Beziehungen wird chronologisch, mit der Lehrzeit beginnend, fortgefahren.

Elser gibt an:
Während der Zeit zwischen dem Schulabgang und dem Beginn der Lehrzeit habe ich mit zweien meiner Schulkameraden den engeren Verkehr weitergeführt. Es sind dies Eugen R., den ich auch in der Zwischenzeit öfter wiedergesehen habe, mit dem mich aber keine besonders enge Freundschaft mehr verbindet, sowie Hans S., der später nach Amerika auswanderte und seit vielen Jahren verschollen ist.

Während meiner Tätigkeit im väterlichen Gewerbe und in der häuslichen Landwirtschaft faßte ich den Entschluß, Eisendreher zu werden. Mein Vater allerdings wollte, daß ich zu Hause bleibe, d. h. ihn in seinem Beruf und in der Landwirtschaft unterstütze. Als ich ihm erklärt hatte, daß ich in die

Lehre als Eisendreher gehen wolle, hat er mich zwar nicht geschlagen und auch keinen großen Krach gemacht, aber versucht, mich davon abzubringen. Da mich aber meine Mutter unterstützte, setzte ich meinen Willen durch.

Auf den Gedanken, Eisendreher zu werden, kam ich dadurch, daß mein bereits oben erwähnter Schulkamerad, Eugen R., sofort nach Schulschluß in eine Eisendreherei in die Lehre kam. Es war nicht so, daß er mir etwa diesen Beruf besonders schön schilderte oder mir Werkstücke, die er gearbeitet hatte, mit nach Hause gebracht hätte, sondern allein die Tatsache, daß mein Freund Eisendreher war, bewegte mich, ohne daß ich genauer wußte, warum, auch diesen Beruf zu ergreifen. Der Beruf meines Vaters und die Landwirtschaft sagten mir schon immer [nicht] zu. In der Landwirtschaft habe ich weniger aus Freude an dieser Arbeit, als nur in dem Willen, meiner Mutter zu helfen, mitgearbeitet. Das Umgehen mit Pferden lag mir nicht sehr und überdies hatte ich miterlebt, wie verschiedene Pferde eingegangen waren, was mir auch die Lust am Fuhrhandwerk verdarb.

Jegliche bastelnde Tätigkeit sagte mir mehr zu. Bereits als Junge hatte ich ja Laubsägearbeiten und sonstige kleine Basteleien gemacht. Fachmännische Anleitung bei meinen Basteleien durch einen älteren Handwerker, etwa den Schmied oder den Schlosser des Orts, hatte ich damals noch nicht.

Ich hatte nach Schulschluß den Wunsch, Eisendreher zu werden. Nachdem ich mich zu Hause durchgesetzt hatte, mußte ich, soweit ich mich daran erinnern kann, meine Lehrstelle selbst suchen. Im Hüttenwerk Königsbronn hatte ich im Herbst 1917 Gelegenheit, als Eisendreherlehrling eingestellt zu werden. (Mein Freund R. war in demselben Werk tätig.) In dem genannten Werk war ich in der Eisendreherei bei den Meistern B. und M. tätig. In dieser Abteilung des Hüttenwerks, der Eisendreherei, waren insgesamt ungefähr 30–40 Arbeiter, dazu 4–5 Lehrlinge, in zwei Schichten beschäftigt.

Nach einiger Zeit beobachtete ich, d. h. zuerst mein Vater, daß mir die Arbeit in dieser Werkstätte gesundheitlich nicht gut bekam. Ich glaube, mich bestimmt zu erinnern, daß es zuerst mein Vater war, der feststellte, daß ich das nicht aushalten könne. Ich war während dieser Zeit mehrmals krank gewesen. Was mir genau gefehlt hat, weiß ich allerdings nicht mehr. Fieber hatte ich jedenfalls und Kopfweh. Beim Arzt war ich mehrere Male. Soviel ich weiß, ging ich damals persönlich auf das Fabrikbüro und erklärte dort, daß ich mit dieser Arbeit aufhören will, weil ich sie nicht vertragen könne. Ich glaube, ich mußte noch 8 oder 14 Tage weiterarbeiten und schied dann aus. Insgesamt war ich also vom Herbst 1917 bis Frühjahr 1919 (Anfang März) dort beschäftigt.

Wieviel ich während meiner Lehrzeit wöchentlich verdient habe, weiß ich nicht mehr. Jedenfalls im ersten Jahr etwas weniger als in dem Rest meiner abgebrochenen Lehre.

Ich erinnere mich, daß ich den ganzen Zahltag, also alles, was ich an Geld erhielt, zu Hause abliefern mußte. Ich durfte nichts behalten und erhielt auch sonntags kein Taschengeld von meinem Vater. Lediglich, wenn ich mir etwas anschaffen durfte, habe ich den genauen Betrag des Preises jeweils erhalten. Während dieser Lehrzeit habe ich keine neuen Freunde gewonnen. Ich verkehrte weiterhin mit R. und S. S. war damals Schlosserlehrling bei der Fa. V. in Heidenheim. Im ersten Vierteljahr meiner Beschäftigung im Hüttenwerk mußte ich für die älteren Dreher Hilfsarbeiten verrichten, wie Werkzeuge zum Aufrichtenlassen tragen, Material heranschaffen usw. Selbständig durfte ich noch keine Arbeiten vornehmen. Nach Ablauf des ersten Vierteljahrs kam ich an eine kleine Drehbank, an der ich unter Aufsicht des Meisters selbständig arbeiten durfte. Ich mußte Gewinde schneiden, Bolzen drehen, Amboß schleifen und sonstige kleinere Dreharbeiten verrichten. Diese Arbeiten führte ich

im Rahmen der Gesamtverdickung [Gesamtverdingung] aus und nicht als eigentliche Lehrlingsarbeit. Nach einiger Zeit kam ich an eine größere Drehbank, weil die meinige, besonders für das Amboßschleifen, von zu leichter Ausführung war. In der Folgezeit habe ich nun etwas schwierigere Dreharbeiten gemacht. Irgendwelche Montagetätigkeit habe ich nicht ausgeführt. Wenn ich ausdrücklich gefragt werde, ob ich mir vielleicht anläßlich dieser Lehrzeit zu Hause eine kleine Werkzeugsammlung angelegt hätte, so muß ich dies verneinen. Alle Werkzeuge, die ich teilweise mir auch schon damals angeschafft habe, habe ich durch Kauf erworben.
Während dieser Lehrzeit als Eisendreher habe ich natürlich auch zu Hause weiterhin gebastelt. U. a. habe ich in jener Zeit einen Hasenstall gebaut und mich mit der Selbstanfertigung eines kleinen Benzinmotors, wofür ich mir ein Anleitungsheft angeschafft hatte, beschäftigt.
Gleichzeitig mit meinem Eintritt in die Lehre im Hüttenwerk Königsbronn, in dem ich außer meinem Schulfreund R., der, wie ich schon sagte, dort Lehrling war, keine besonderen Bekannten hatte, trat ich auch in die Gewerbeschule Heidenheim ein. Soviel ich noch weiß, war ein Tag in der Woche Unterricht. In der Klasse für Eisendreher waren wir dort ungefähr 30 Schüler. Den Unterricht gab der Gewerbeschullehrer E. Ich zählte in dieser Klasse zu den besseren Schülern. Von den drei nach dem ersten Jahr verteilten Belobigungen erhielt ich eine.
Das Hüttenwerk Königsbronn war das einzige Werk am Ort, in dem ich die Ausbildung als Eisendreher erfahren konnte. Nachdem ich mich, wie bereits angegeben, gesundheitshalber nicht in der Lage fühlte, den Beruf eines Eisendrehers auszuüben, faßte ich den Entschluß, das Schreinerhandwerk zu erlernen. In der Nähe meiner elterlichen Wohung hatten die Schreinermeister Robert S. und Fritz W. Schreinerwerkstätten inne, wo ich während meiner Eisendreherlehrlingszeit im

Auftrage meiner Eltern wiederholt Sägemehl und Hobelspäne holen mußte. Sägemehl und die kurzen Hobelspäne wurden im elterlichen Anwesen als Streu im Stall und die langen Hobelspäne zum Feueranzünden verwendet. Bei dem Abholen des Sägemehls und der Hobelspäne — es geschah dies immer nach Betriebsschluß — habe ich stets den beiden Meistern bei ihren Arbeiten in den Werkstätten zugesehen und dadurch wurde mein Interesse am Schreinerhandwerk erweckt. Meine Eltern waren damit einverstanden, daß ich bei Robert S. am 15. März 1919 als Schreinerlehrling eintrat. Robert S. hatte noch einen Gesellen beschäftigt, es war dies ein gewisser St. aus Schnaitheim. Ferner war dort als Lehrling Otto B. aus Königsbronn tätig. Später trat noch ein gewisser Hermann B. als Lehrling ein. Mit B. habe ich mich im Laufe der Zeit angefreundet. Es ist ein weitläufiger Verwandter von mir. Nachdem S. als tüchtiger Schreinermeister bekannt war, bin ich bei diesem und nicht bei W. in die Lehre getreten. Weitere Gründe lagen hierfür nicht vor. Am 15. März 1922 war die Lehrzeit bei S. beendet. In der ersten Zeit meiner Lehre mußte ich einfache Kisten, Schemel, Hocker und dergleichen, die keinerlei besondere Fertigkeiten verlangten, anfertigen. Ich mußte das Holz zuschneiden, hobeln und zusammenbauen. An diesen Arbeiten hatte ich großen Gefallen und großes Interesse. Die Arbeiten wurden immer schwerer und am Ende meiner Lehrzeit war ich in der Lage, große und schwere Möbelstücke selbst anzufertigen. S. betrieb auch eine Bauschreinerei, dort wurde ich aber nur nebenher beschäftigt. Ich lernte dort Riemenboden legen, Türrahmen einsetzen, Türen anschlagen, Fensterrahmen einsetzen, Fensterläden einpassen und Verschalungen an Treppenhäusern anzubringen. Diese Arbeiten sagten mir aber wenig zu, nachdem sie mit soviel Schmutz und Dreck verbunden waren. Besonderes Interesse hatte ich lediglich an der Möbelschreinerei. Im ersten Lehrjahr erhielt ich wöchent-

lich 1.— RM, im zweiten Lehrjahr 2.— RM und im dritten Lehrjahr wöchentlich 3.— oder 4.— RM bezahlt. Zum Teil benutzte ich dieses Geld zum Anschaffen von Kleidungsstücken und zum Anschaffen von Schreiner- und Schlosserwerkzeugen, wie z. B. Eisenbohrer, Eisenfeilen, Schreinerhobel usw. Dieses Werkzeug nahm ich lediglich zu Hause in Benutzung, um dort die notwendigen Reparaturen selbst ausführen zu können. Ferner fertigte ich zu Hause auch die Gegenstände an, die dort benötigt wurden, z. B. Umbau eines Kellers als Wohnraum.
Im Frühjahr 1922 legte ich bei der Gewerbeschule in Heidenheim als Bester die Gesellenprüfung ab. Meine Eltern und mein Meister waren mit diesem Erfolg sehr zufrieden. Anschließend war ich noch bis Januar 1923 bei S. als Schreinergeselle tätig, wo ich größtenteils in der Möbelschreinerei gearbeitet habe. Auch als Geselle habe ich nur hier und da in der Bauschreinerei mitgearbeitet. Der Wochenverdienst ist mir nicht mehr erinnerlich. Den Wochenverdienst benutzte ich ebenfalls zur Anschaffung von Kleidungsstücken, Werkzeugen und Schreinermaterial, das ich zu Hause benötigt hatte, ferner führte ich immer einen bestimmten Betrag an meine Mutter ab, die ihn zur Haushaltführung benötigte. Mit weiteren Berufskameraden als dem bezeichneten B. habe ich mich auch bis zu diesem Zeitpunkt nicht angefreundet. B. war, wie ich, ebenfalls hauptsächlich in der Möbelschreinerei tätig, er hat ein Jahr später die Gesellenprüfung abgelegt, ferner war er, wie ich, ein Bastler, er hat stets versucht, Elektro- und Benzinmotore zu Hause zu bauen. Welche Erfolge er dabei erzielte, ist mir nicht bekannt.
Etwa im Dezember 1922 habe ich bei dem Schreinermeister S. gekündigt, nachdem ich Aussichten hatte, in der Möbelfabrik R. in Aalen als Schreinergeselle einzutreten. Diese Kündigung hatte S. seinerzeit nicht angenommen, da er mich dringend benötigte. Nachdem S. auch eine neuerliche Kündi-

gung Anfang 1923 aus dem gleichen Grunde nicht angenommen hatte, bin ich Ende Januar 1923 oder Anfang Februar bei S. weggeblieben und in die Firma R. in Aalen als Schreinergeselle eingetreten. Der Grund des Arbeitsplatzwechsels lag darin, daß der Verdienst bei der Firma R. bedeutend höher war als bei S. Bei der Firma R. war ich bis zum Herbst 1923 in Arbeit. Dort hatte ich in der Hauptsache Kücheneinrichtungen und Schlafzimmermöbel anzufertigen. Die Wohnung hatte ich während dieser Zeit in Königsbronn bei meinen Eltern beibehalten. Ich fuhr stets mit der Bahn zum Arbeitsplatz und zurück. Irgendwelche Freundschaften habe ich bei der Firma R. mit Berufskameraden nicht geschlossen. In der Freizeit habe ich zu Hause auch weiterhin die anfallenden Reparaturarbeiten erledigt. Zum Basteln hatte ich meiner Erinnerung nach keine Zeit mehr. Mit B. kam ich um diese Zeit nicht mehr zusammen. Ich hatte lediglich nur noch mit meinem alten Schulfreund R. Verbindung. Nachdem im Herbst 1923 infolge der Inflation das Geld keinen Wert mehr hatte, habe ich freiwillig bei der Firma R. ordnungsgemäß gekündigt und mich an den häuslichen Arbeiten beteiligt. Ich half meiner Mutter wie früher bei den Feldarbeiten und war meinem Vater, der in der Zwischenzeit den Holzhandel ausübte, bei Waldarbeiten, z. B. Stangenputzen, Absägen, Aushauen und dergl. behilflich. Eine Entlohnung oder Taschengeld erhielt ich weder von meiner Mutter noch von meinem Vater. Ich hatte zu Hause Unterkunft und Verpflegung. Die Freizeit vertrieb ich mir damals bei meinem Freund R., der zu Hause ein Grammophon hatte und der mich das Tanzen lehrte. Bastelarbeiten habe ich zu dieser Zeit wenig verrichtet. Bis zum Sommer 1924 war ich in der angegebenen Weise zu Hause tätig. Um diese Zeit fragte ich bei der Firma Matthias M., Möbelschreinerei in Heidenheim, um Arbeit nach. Ich wurde dort zwei oder drei Tage später als Schreinergeselle eingestellt. Diese Firma M. war mir aus meiner Schulzeit (Gewerbeschule) bekannt. Diese Firma war mir durch ihr großes Lager aufgefallen und in Erinnerung. Aus diesem Grunde habe ich mich dort auch um Arbeit beworben. Inhaber der Firma war der Schreinermeister Matthias M. Es waren dort noch 4 oder 5 Gesellen und 1 oder 2 Lehrlinge beschäftigt. Es wurden dort durchwegs Wohnungseinrichtungen hergestellt. Ich hatte in der Hauptsache Küchen- und Kleiderschränke anzufertigen. Irgendwelche Arbeiter waren mir hierzu nicht zugeteilt. Ich arbeitete selbständig. Die Wohnung habe ich damals bei meinen Eltern in Königsbronn beibehalten. Ich fuhr, soviel ich mich erinnere, ständig mit der Bahn zu meinem Arbeitsplatz und wieder zurück nach Königsbronn. Irgendwelche Freundschaften habe ich während meiner Tätigkeit bei der Firma M. nicht geschlossen. Der Firmeninhaber war mit meinen Arbeiten stets zufrieden. Irgendwelche Beanstandungen hatte er nicht. Im Januar oder Februar 1925 habe ich auch dort wieder gekündigt. Ich hatte ein Verlangen, in die Fremde zu gehen, um mich in meinem Beruf weiter auszubilden. M. ließ mich ungern gehen, der Grund ist mir nicht bekannt.

Nach meinem Ausscheiden aus der Firma M.-Heidenheim war ich einige Zeit wieder zu Hause und habe mich dort wie üblich betätigt, d. h. ich half eben mit, wo es notwendig war. Ich hatte nämlich bereits eine Stelle in der Fremde in Aussicht, und zwar sollte ich am 15.3.1925 beim Schreinermeister W. in Bernried bei Tettnang eine Stelle antreten. Zu diesem Arbeitsplatz kam ich durch einen Schreiner namens Karl (?) F. aus Oberkochen, einer von meiner Heimat ungefähr 6 km entfernten Ortschaft. Diesen F. hatte ich anläßlich gelegentlicher Spaziergänge, die ich damals mit meinem Freund R. unternahm, in der Wirtschaft „Zum Hirsch" in Oberkochen kennengelernt. Auf Aufforderung von F., dem ich gesagt hatte, daß ich in die Fremde wolle, schrieb ich an den Schreinermeister W., bei dem F. schon einmal beschäftigt war, um Arbeit. Ich erhielt eine schriftliche Zusage auf den 15.3.1925. Zu diesem Zeitpunkt fuhr ich mit dem Zug nach Tettnang, ging zu Fuß ungefähr 2 Stunden bis Bernried und trat dort meine Stelle an. Ich war dort der einzige Geselle und arbeitete mit dem Meister allein zusammen. Ich wohnte im Hause des Meisters in einer Kammer unter dem Dach. Ich war auch dort mit Möbelanfertigungen beschäftigt. Die Arbeit dort sagte mir deshalb nicht recht zu, weil W. in seiner Werkstatt außer einer selbstgefertigten Kreissäge keine Maschinen hatte und man z. B. die Hobelarbeiten alle mit der Hand ausführen mußte. Außerdem gefiel mir die Ortschaft nicht. Es sind nur einige wenige verstreute Häuser, so daß ich mich viel zu einsam fühlte. Ich blieb deshalb nur ungefähr 6 Wochen dort und schied nach Kündigung von meiner Seite im Mai 1925 wieder aus. Meister W. ließ mich zwar nicht gerne gehen, aber Streit habe ich deswegen mit ihm keinen bekommen. Während meines kurzen Aufenthaltes in Bernried habe ich keinerlei Freundschaften oder engere Bekanntschaften geschlossen. Als Lohn erhielt ich dort neben freier Kost und Logis vielleicht 8.— bis 12.— RM in der Woche. Als ich die Stelle verließ, hatte ich noch keine Arbeit in Aussicht. Ich wanderte über Langenargen den Bodensee entlang nach Friedrichshafen und Manzell. Von Bernried bis Friedrichshafen war ich ungefähr 1 Woche zu Fuß unterwegs. Ich übernachtete in Wirtschaften und fragte auf dem Weg verschiedentlich vergeblich nach Arbeit. Auf dieser Wanderschaft war ich immer allein. Gebettelt oder hausiert habe ich weder damals noch später. Die Wirtshausrechnungen habe ich von meinen Ersparnissen bezahlt. Durch das Arbeitsamt in Friedrichshafen, auf dem ich auch nachfragte, erfuhr ich, daß die Dornier-Werke in Manzell einen gelernten Schreiner suchen. Ich nahm die Stelle an und wurde im Propellerbau beschäftigt. An den Namen des Meisters dieser Abteilung kann ich mich nicht mehr genau erinnern, ich glaube, er hieß W. oder so ähnlich. In dieser Abteilung waren ungefähr 15—20 Leute beschäftigt. Da ich in nächster Umgebung des Werkes der Fremdensaison wegen kein Zimmer bekam, habe ich mich in Kluftern, einer Ortschaft an der Bahnlinie zwischen Manzell und Markdorf, eingemietet. Ich fuhr jeden Tag mit der Eisenbahn zwischen Manzell und Kluftern hin und her. In Kluftern habe ich in einer Wirtschaft, an deren Namen ich mich nicht mehr erinnern kann, gewohnt. In dieser Stelle habe ich durch Akkordarbeit und viele Überstunden recht gut verdient, jedenfalls mehr als jemals zuvor. In der Werkstatt lernte ich einen Mitarbeiter namens Leo (?) D. etwas näher kennen. D. wohnte in Markdorf oder in einem nahe bei Markdorf liegenden Ort. Er war wie ich gelernter Schreiner und etwas jünger als ich. Meine sonntäglichen Spaziergänge machte ich aber nicht mit ihm zusammen, sondern immer allein[9] entweder den See entlang, oder in der Stadt Friedrichshafen. Meine Bekanntschaft mit D. war nicht politischer und nicht besonders freundschaftlicher Art. Wir waren fast nur im Betrieb zusammen. An und für sich gefiel es mir bei Dornier sehr gut. Es war aber D., der mich dazu überredet hat, die Stelle zu wechseln. D. spielte in seiner Freizeit Klarinette und wollte durchaus nach Konstanz, um dort einem Musikverein beitreten zu können. Schließlich überredete er mich, mit ihm gemeinsam an die Uhrenfabrik in Konstanz um Arbeit zu schreiben. Wir erhielten eine Zusage, kündigten unser bisheriges Arbeitsverhältnis und fuhren eines Tages gemeinsam mit dem Schiff von Friedrichshafen aus nach Konstanz. Ich glaube, daß dies meine erste Schiffahrt auf dem Bodensee war.

An einem mir nicht mehr genau erinnerlichen Tage im August 1925 trat ich mit D. gemeinsam als Schreiner in der [sic] Uhrenfabrik Konstanz ein. Diese Firma verkauft fertige Uhren, stellt aber nur die Gehäuse selbst her und baut die bezogenen Uhrwerke ein. In dieser Firma war ich mit mehreren Unterbrechungen von teilweise einigen Wochen, teilweise einigen Monaten und einem halben Jahr Tätigkeit in der Schweiz bis Frühjahr 1930 tätig. Ich habe die Firma während dieser Zeit nur immer dann verlassen, wenn aus irgendeinem Grunde keine Arbeit mehr vorhanden war. Einmal war der Besitzer gestorben, das andere Mal geriet die Firma in Konkurs, ein anderes Mal war ein Brand ausgebrochen. In dieser Firma war ich immer nur in der Schreinerei, wo die Holzgehäuse für größere Uhren hergestellt wurden, tätig.

Die Firma nannte sich bei meinem Eintritt, soviel mir erinnerlich ist, ursprünglich „M.", später „S. u. Comp." und wurde später in „Oberrheinische Uhrenindustrie" umbenannt. Die Firma hat mehrmals den Besitzer gewechselt. Inhaber der Firma war ursprünglich ein mir nicht näher bekannter M., anschließend ein S., später ein F. und schließlich ein H. Nähere Angaben und insbesondere auch über den Zeitpunkt kann ich heute nicht mehr machen. Das erste Mal gab ich bei dieser Firma im Jahre 1926 oder 1927 meinen Arbeitsplatz auf, nachdem diese damals in Konkurs geraten war. Inhaber der Firma war damals noch M. Es wurden seinerzeit sämtliche Arbeiten eingestellt. Ich war ungefähr ein halbes Jahr arbeitslos und habe mich während der Zeit wiederholt erfolglos bei verschiedenen Firmen in Konstanz um Arbeit umgesehen. Die einzelnen Firmen kann ich heute nicht mehr angeben. Die Wohnung hatte ich in Konstanz beibehalten, Konstanz hatte ich nicht verlassen. Als im Jahre 1928 der neue Besitzer der Firma namens F. gestorben ist, wurden wiederum die Arbeiten bei der Firma eingestellt, und ich war wiederum ungefähr ein halbes Jahr ohne Arbeit. Auch während dieser Zeit konnte ich trotz wiederholter Nachfragen in Konstanz keine Arbeit finden. Ich lebte seinerzeit von der Arbeitslosenunterstützung und von meinen Ersparnissen. Von fremden Leuten erhielt ich keinerlei Unterstützung. Auch habe ich fremde Leute in dieser Hinsicht nicht angegangen. Etwa im Jahre 1929 wurden die Arbeiten bei dieser Firma wieder eingestellt und sämtliche Arbeiter entlassen. Soviel mir erinnerlich ist, war die Entlassung auf einen Brand der Firma zurückzuführen. Ich begab mich daraufhin nach Bottighofen/Schweiz, das ungefähr 8–10 km südlich Konstanz liegt. Dort habe ich bei der Schreinerei S. Arbeit gefunden. Ich begab mich deshalb dorthin, nachdem ich neuerdings in Konstanz mich vergeblich um Arbeit umgesehen habe. Wer mich an die Firma S. in Bottighofen verwiesen hat, ist mir heute nicht mehr erinnerlich; es kann möglich sein, daß ich durch ein Zeitungsinserat darauf aufmerksam wurde. Ich war ungefähr ein halbes Jahr bei dieser Firma als Schreinergeselle in Arbeit. Der Inhaber dieser Firma heißt ebenfalls S., der Vorname ist mir nicht erinnerlich. Ich hatte dort Wohnungseinrichtungen anzufertigen. Dort hatte ich einen Stundenlohn von 1 fr 30, das war 1.04 RM. Bei dieser Firma war nur noch der Inhaber und sein Sohn tätig. Meine Wohnung in Konstanz habe ich auch während dieser Zeit beibehalten. Ich bin täglich mit dem Fahrrad frühmorgens nach Bottighofen und abends nach Konstanz zurückgefahren. Einen besonderen Grund, warum ich in Bottighofen nicht Wohnung nahm, kann ich nicht angeben. Ein Interesse, in der Schweiz Wohnung zu nehmen, hatte ich nicht. Weitere Personen als die Familie S. hatte ich in Bottighofen nicht kennengelernt.

Ende 1929 oder Anfang 1930 teilte mir eine Frau in Konstanz, deren Name mir augenblicklich nicht erinnerlich ist, mit, daß ein früherer Teilhaber der Uhrenfabrik in Konstanz namens R. in Meersburg Uhrengehäuse herstellt und daß dieser Arbeiter suche. Die Frau war früher ebenfalls in der Uhrenfabrik in Konstanz beschäftigt und in der Nähe dieser Fabrik wohnhaft. Auf diese Mitteilung begab ich mich zu diesem

R. nach Meersburg, wo ich um Arbeit nachfragte. Nach einigen Tagen konnte ich dort die Arbeit aufnehmen. Soviel ich mich entsinne, habe ich in Bottighofen bei S. ordnungsgemäß gekündigt. In Konstanz wohnte ich zunächst Inselgasse 15 bei B. und anschließend nacheinander in folgenden weiteren Wohnungen: Gebhardstraße Nr.? bei Frau St. (oder St.), dann Fürstenbergstraße 1 bei N.
Mit meinem früheren Bekannten Leo D. hatte ich während meiner Konstanzer Zeit bald den engeren Kontakt verloren. Ich hatte dort nacheinander die Bekanntschaft von mehreren jungen Mädchen gemacht, so daß meine Zeit ausgefüllt war. An einige, mit denen ich länger gegangen bin, kann ich mich namentlich erinnern. Sie hießen: Mathilde N., damals in der Gebhardstraße Nr.? in Konstanz wohnhaft, Hilda L., Hussenstraße (?) in Konstanz. Die N. war ein Servierfräulein und die L. eine Modistin. An weitere Namen von weiblichen Bekanntschaften während dieser Zeit kann ich mich nicht erinnern. Neue Freunde habe ich nicht gewonnen.
Der Brand in der Uhrenfabrik, den ich bereits kurz erwähnte, wurde damals von der Polizei aufgenommen. Später habe ich einmal gehört, daß der ehemalige Besitzer H. den Brand selbst gelegt haben soll. Ob er verurteilt wurde, weiß ich nicht.
Das Fahrrad, das ich zu meinen Fahrten zwischen Konstanz und Bottighofen benutzte, habe ich etwa im Jahre 1927 in Konstanz nagelneu gekauft. Es hat etwa 140.— RM gekostet. Das Geld hierzu hatte ich mir erspart. Dieses Rad besaß ich bis zum Jahre 1938, als ich es im November oder Dezember letzten Jahres an einen Arbeitskollegen in Heidenheim um vielleicht 16.— RM verkaufte. Vielleicht fand dieser Verkauf aber auch im Januar 1939 statt.

           gez. K. Sch. S.
           Krim.Kommissare.

Abgebrochen um 21 Uhr 30

Fortsetzung der Vernehmung am 20.11.1939 um 10 Uhr.

Wie ich gestern angegeben habe, bin ich Anfang 1930 in der Uhrenfabrikation in Meersburg als Schreinergeselle eingetreten. Inhaber dieser Fabrikation war der frühere Teilhaber der Oberrheinischen Uhrenfabrikation in Konstanz R. Es wurden dort die Gehäuse für Tischuhren hergestellt, ferner auch die Gehäuse für Küchenuhren. Die Werke für diese Uhren wurden von auswärts bezogen, woher, weiß ich nicht. Den Einbau der Uhrenwerke in die Gehäuse hat R. mit seinem Bruder vorgenommen. Die Fabrikation war in der Werkstätte des Glasermeisters Wilhelm M. in Meersburg untergebracht. Neben R. und seinem Bruder waren dort noch 5 Arbeiter und eine Frau beschäftigt. Hiervon waren bereits zwei Arbeiter in der Uhrenfabrikation in Konstanz früher tätig. Die Namen der Arbeiter und der Frau sind mir nicht mehr erinnerlich. Ich hatte bei R. die Bretter zur Herstellung der Gehäuse auszuschneiden und die Uhrengehäuse zusammenzusetzen. Mit mir hat noch ein Mann zusammengeschafft, der früher Glasergeselle und, glaube ich, bei M. beschäftigt war. Der Name dieses Mannes ist mir heute ebenfalls nicht mehr bekannt. Ich wurde dort tarifmäßig entlohnt.
Bis zum Frühjahr 1932 war ich noch in Konstanz, zuletzt dort, Fürstenbergstraße 1 bei N. wohnhaft. Ich fuhr täglich bis zu dieser Zeit mit der Fähre in der Frühe von Konstanz nach Meersburg und abends nach Arbeitsschluß wieder von Meersburg nach Konstanz zurück. Es wurde in der Uhrenfabrikation in Meersburg von 7–12 Uhr und von 13 – gegen 18 Uhr gearbeitet. Das Mittagessen nahm ich hier und da in der Werkstatt und hier und da in der Wirtschaft „Hirsch" in Meersburg ein. Von den bei R. beschäftigten Arbeitern war die Frau und noch ein Arbeitskamerad ebenfalls in Konstanz wohnhaft; diese haben ebenfalls die Fähre von und

nach Konstanz benutzt. Bei diesen Fahrten war ich größtenteils in Gesellschaft dieser beiden.
Zu dieser Zeit hatte ich mit der Hilda L., wohnhaft in Konstanz, Hussenstraße Nr. unbekannt, ein Verhältnis unterhalten. Die Freizeit brachte ich größtenteils bei L. zu. Für diese habe ich auch in der Freizeit ein Nähtischchen und verschiedene kleine Möbelstücke angefertigt. Weitere Bekanntschaften mit Frauenspersonen hatte ich seinerzeit nicht. Auch hatte ich damals keinerlei Freundschaften mit Arbeitskameraden oder sonstigen Personen geschlossen. Ich war seinerzeit stets mit der L. allein.
Im Frühjahr 1932 wurde ich mit 4 weiteren Arbeitskameraden von R. entlassen. Soviel ich mich entsinne, wurde seinerzeit von R. ein Vergleichsverfahren eingeleitet. Die bei ihm beschäftigte Frau und der Schreinergeselle aus Konstanz waren bereits einige Zeit vorher aus einem mir unbekannten Grunde entlassen worden. Ich vermute, daß dies auf einen schlechten Geschäftsgang zurückzuführen war. Über die weitere Tätigkeit des R. bin ich nicht unterrichtet. Ich habe mich bald darauf in Meersburg nach Arbeit umgesehen und schließlich, die genaue Zeit kann ich nicht mehr angeben, bei einem Zimmermann in Meersburg, Name nicht mehr erinnerlich, dessen Werkstätte sich neben der Werkstätte des Glasermeisters M. befand, Arbeit gefunden. Bei diesem Zimmermann war ich schätzungsweise 4 bis 5 Wochen beschäftigt. Ich hatte dort in der Hauptsache Türrahmen und Türen für Wohnungsneubauten anzufertigen. Diese Arbeiten wurden von mir selbständig verrichtet. Die Entlohnung war ebenfalls tarifmäßig. Ich war dort der einzige Arbeiter. Nachdem dieser Zimmermann keinerlei Aufträge mehr erhielt und keine Arbeit für mich mehr hatte, wurde ich nach 4–5 Wochen entlassen. Es war dies ungefähr im Mai 1932. Nachdem ich trotz meiner Bemühungen keinen neuen Arbeitsplatz mehr finden konnte, habe ich mein Zim-

mer in Konstanz aufgegeben und bin nach Meersburg umgesiedelt, wo ich bei Leuten gegen Unterkunft und Verpflegung Möbelstücke ausgebessert und kleine Neuanfertigungen gemacht habe. Im Mai, Juni und Juli 1932 habe ich bei der Familie D. in der Kunkelgasse, Hausnummer nicht mehr bekannt, gewohnt. Zu dieser Zeit habe ich für die Witwe B., die im Anwesen des Glasermeisters M. wohnhaft ist, gearbeitet. Ich hatte dort einen Sekretär zu reparieren und einen Tisch anzufertigen. An weitere Arbeiten bei Frau B. kann ich mich zurzeit nicht erinnern. Von Frau B., die eine gute Bekannte der Familie D. war, habe ich damals die Verpflegung erhalten. Für das Übernachten mußte ich bei D. nichts bezahlen. Anschließend hatte ich für eine Familie H., die ebenfalls gute Bekannte der Familie D. waren, die Wohnung ist mir nicht mehr erinnerlich, Schränke zu reparieren. Die Wohnung, d. h. das Zimmer hatte ich damals noch bei D. inne, von Familie H. wurde ich seinerzeit verpflegt. Es fällt mir ein, daß ich auch für eine Familie O. einen Schrank zu der gleichen Zeit reparieren mußte. Auch bei der Familie D. hatte ich einen alten Schrank aufzurichten. Ende Juli oder Anfang August 1932 hatte ich bei S. eine Schlafstelle bezogen, wo ich deren Schlafzimmer zu richten hatte. Das Zimmer bei D. hatte ich lediglich deshalb aufgegeben, da mir Frau S. bei ihr eine Schlafstelle zur Verfügung gestellt hat. Ich hatte dort ein eigenes kleines Zimmer. Diese Arbeit bei Frau S. dauerte ungefähr bis Mitte August 1932. Wie bereits erwähnt, wurden mir von diesen sämtlichen Personen in der Hauptsache nur Verpflegung und Unterkunft kostenlos gewährt. Ich erhielt lediglich für diese Gelegenheitsarbeiten eine kleine finanzielle Entschädigung, deren Höhe ich aber nicht mehr angeben kann. Mit weiteren Personen kam ich damals nicht in Verbindung. Die Freizeit verbrachte ich auch seinerzeit in der Hauptsache mit der L., die ich einige Male in Konstanz aufgesucht habe. Auch wurde ich hier und da von L. in Meersburg besucht. Mit D. hatte ich keine Verbindung mehr. Mitte August 1932 fuhr ich dann von Meersburg nach Hause. Um einen weiteren Arbeitsplatz in Meersburg hatte ich mich nicht mehr gekümmert. Ich hatte bereits glaublich [sic] im Mai 1932 den Entschluß gefaßt, zu meinen Eltern zu fahren, nachdem mir damals meine Mutter schriftlich mitgeteilt hatte, daß mein Vater immer mehr und mehr saufe und daß er einen Acker um den anderen verkaufe, um seine Schulden zu bezahlen, die vom Holzhandel und von den ewigen Saufereien herrührten. Von meinem Kommen erwartete meine Mutter eine Besserung in dem Verhalten meines Vaters. Ich bin seinerzeit mit der Bahn nach Königsbronn zu meinen Eltern gefahren. Dort hatte ich mit meinem Bruder ein Zimmer inne. Über die Rückkehr waren meine Mutter und mein Bruder sehr erfreut. Mein Vater hat diese Rückkehr mit Gleichgültigkeit hingenommen. Ich mußte feststellen, daß meine Eltern durch den Holzhandel meines Vaters stark verschuldet waren. Die Höhe der Schulden kann ich nicht angeben. Die Schulden sind insbesondere darauf zurückzuführen, daß mein Vater Holz zu hoch eingesteigert hat und dieses nur mit Verlust wieder weiterverkaufen konnte. Durch meinen Onkel E. E. in Königsbronn habe ich erfahren, daß mein Vater bei den Holzversteigerungen stets unter Alkoholeinfluß gestanden und nur deshalb hohe Preise geboten hat. Mein Vater hat fast täglich in Königsbronn und Umgebung, wo er geschäftlich zu tun hatte, Bier und Wein getrunken. Die Mengen kann ich nicht angeben. Einen Einfluß konnten weder meine Mutter noch mein Bruder auf ihn ausüben. Mir ist bekannt, daß mein Vater schon in meiner Jugendzeit sehr viel Alkohol zu sich genommen hat. Meine Mutter erledigte nach wie vor die landwirtschaftlichen Arbeiten und mein Bruder war Schreinergeselle bei dem Schreinermeister S. in Königsbronn.

Ich war wie früher nach meiner Rückkehr nach Königsbronn

meiner Mutter bei der Erledigung der landwirtschaftlichen Arbeiten behilflich. Ferner hatte ich mir im elterlichen Anwesen eine kleine Schreinerwerkstätte eingerichtet, wo ich für verschiedene Leute in Königsbronn einzelne Möbelstücke angefertigt habe. Hierzu hatte ich das Werkzeug benutzt, das ich mir früher aus meinem Verdienst angeschafft habe. Hier und da war ich ebenfalls wie früher meinem Vater bei den Waldarbeiten, Stangen putzen und absägen, behilflich. Eine Entschädigung erhielt ich hierfür nicht. Ich habe zu Hause unentgeltlich gewohnt und gegessen.
Die Saufereien meines Vaters nahmen immer mehr zu. Die Folge davon war, daß die Schulden immer höher wurden und daß er immer wieder Acker verkaufen mußte, um seinen Verpflichtungen nachzukommen. Ich hatte wiederholt versucht, meinen Vater im günstigen Sinne zu beeinflussen, hatte damit aber keinen Erfolg. Mein Vater ließ sich von niemandem, auch von mir nicht, etwas sagen. Der Haushalt wurde aus dem Erlös der Ernte bestritten.
Mein Vater kam durchwegs immer sehr spät nach Hause. Wenn er betrunken war, hat er zu Hause stets Krach geschlagen und über mich, meine Mutter und meinen Bruder ohne jede Veranlassung geschimpft. Er erklärte dabei immer, daß wir schuldig seien, daß es immer mehr abwärts gehe. Mißhandlungen sind dabei nicht vorgekommen. Auch hat er im Gegensatz zu früher nichts demoliert.
Ende 1935 waren die Schulden bereits so groß, daß mein Vater das Anwesen verkaufen mußte. Er hat das Anwesen, das meiner Schätzung nach 10 bis 11000.— RM wert war, mit 6500.— RM an den Viehhändler M. in Königsbronn veräußert. M. war stets mit meinem Vater in Wirtschaften beisammen, wo sie zusammen getrunken haben. Von dem Erlös des Anwesens erhielt meine Mutter auf Verlangen 2000.— RM. Den Restbetrag verwandte mein Vater zum Bezahlen seiner Schulden und zu weiteren Trinkereien. Das Anwesen

wurde dann auch verkauft und von dem Viehhändler M. bezogen. Bei dem Verkauf war vereinbart worden, daß ein kleines Zimmer meinem Vater weiterhin zur Verfügung steht. Er hat dies weiter bewohnt. Meine Mutter mußte sich nach Schnaitheim zu meiner Schwester F. begeben, mein Bruder ging damals zum Arbeitsdienst und ich habe mich bei Frau H. eingemietet. Das Inventar meiner Werkstätte behielt ich bei mir. Ich hatte dies bei der H. im Keller untergestellt. Die Wohnungseinrichtung hat meine Mutter mit nach Schnaitheim genommen. Wir besaßen lediglich noch einen Obstgarten, der heute noch Eigentum meiner Eltern in Königsbronn ist. Was meine Mutter in Schnaitheim gemacht und wovon sie dort gelebt hat, ist mir nicht bekannt.
Im elterlichen Anwesen war ich noch bis Frühjahr 1936 wohnhaft. Ich habe dies erst verlassen, nachdem ich von dem neuen Eigentümer M. hierzu aufgefordert worden war. Erst dann habe ich mich bei Frau H. in Königsbronn eingemietet. Meine Mutter hatte ungefähr ein Vierteljahr vorher sich nach Schnaitheim begeben. Ich fertigte nach wie vor bis zu dieser Zeit für Leute in Königsbronn Möbelstücke an. Mein Vater hat nach wie vor in dem Anwesen gewohnt.
Nachdem ich das Anwesen verlassen mußte und keine Gelegenheitsarbeiten mehr verrichten konnte, bin ich anschließend bei dem Schreinermeister G. in Königsbronn in Arbeit getreten. Ich wurde dort als Schreinergeselle eingestellt, ferner waren dort noch ein Geselle und ein Lehrbub beschäftigt. Auch bei G. hatte ich Wohnungseinrichtungen anzufertigen. Ich hatte dort einen Stundenlohn von 0.55 RM. Es wurde täglich von 7—12 und von 13—18 Uhr gearbeitet. Die Freizeit vertrieb ich mir seinerzeit in der Hauptsache mit Musizieren. Ich bin von Natur aus musikalisch veranlagt, schon während meiner Schulzeit habe ich Flöte und Ziehharmonika gespielt. Nach meiner Schulzeit habe ich nur mehr Ziehharmonika gespielt. In kleineren Gesellschaften habe ich für musika-

lische Unterhaltung gesorgt. So habe ich etwa im Jahre 1924 in Ochsenberg bei Königsbronn in einer Tanzstunde Ziehharmonika gespielt. Eine besondere Fertigkeit hatte ich nicht. Ich war, wie man so sagt, Durchschnittsspieler. Gespielt habe ich nur nach Gehör. Noten habe ich seinerzeit nicht gekannt, d. h. nicht mehr, als ich von der Schule her noch wußte. Die Ziehharmonika habe ich Anfang 1927, bevor ich von Königsbronn wegging, an einen Bekannten von mir, namens M. vom Zaunberg, einem Bauernhof bei Königsbronn, verkauft. Dieses Instrument hatte ich, soviel ich mich noch erinnere, während meiner Tätigkeit als Schreinergeselle zum Preis von etwa 25.— RM von einer Instrumentenfabrik schicken lassen. Das Geld stammt von meinem Lohn, den ich damals zum Teil an meine Mutter abgab, zum anderen Teil für meine persönlichen Bedürfnisse behalten durfte. Um welchen Preis ich es wieder verkaufte, weiß ich heute nicht mehr. Ich hatte die Ziehharmonika jedenfalls sehr gut gepflegt.
Während meines Aufenthaltes in Konstanz habe ich mir etwa 1926 eine Konzertzither von dem Schreiner D. in Konstanz zum Preise von 20.— RM gekauft. Wo D. in Konstanz wohnhaft war, weiß ich nicht mehr. D. habe ich im Jahre 1926 im Trachtenverein „Oberrheintaler" kennengelernt. Diesem Verein bin ich ebenfalls 1926 als Mitglied beigetreten. Durch irgendwelche Bekannte bin ich nicht auf diesen Verein aufmerksam geworden, sondern, soviel ich mich erinnere, habe ich gelegentlich eines Wirtshausbesuches von dem Bestehen dieses Vereins Kenntnis erhalten. Der Verein hat in jeder Woche am Samstagabend im Gasthaus „Zum Kratzer" in Konstanz seine Übungsabende abgehalten. Geübt wurden Musik und Tanz. Bei diesen Unterhaltungsabenden waren immer auch die Familienangehörigen der Mitglieder und Bekannte derselben anwesend. Die Leitung der Übungsstunden hatte der Vorstand des Trachtenvereins namens K. Wo K. in Konstanz gewohnt hat und was er von Beruf war,

weiß ich heute nicht mehr. Er hat, soviel ich noch weiß, zweimal seine Wohnung gewechselt. Außer K. habe ich im Trachtenverein die Familie D. aus Konstanz kennengelernt. D. hatten eine Tochter Rosa, mit der ich aber kein Verhältnis hatte. Die Rosa hatte bereits eine Bekanntschaft. Wenn ich noch nach anderen Familien, die ich damals kennengelernt habe, gefragt werde, so kann ich noch nennen Familie St. (Schreibweise des Namens vielleicht auch anders), der glaublich [sic] Schriftsetzer war und zwei Mädchen hatte, die damals noch in die Schule gingen. Mit Ausnahme eines gewissen K. (?) kann ich mich an weitere Familien, die seinerzeit im Trachtenverein verkehrten und die ich kennengelernt habe, dem Namen nach nicht erinnern.

Es ist nicht so, daß ich der Mädchen wegen dem Trachtenverein beigetreten wäre. Mädels kann man ja auch irgendwo anders finden. Irgendein engeres Verhältnis mit Mädchen aus dem Verein hatte ich nicht. Es kam natürlich vor, daß man auf dem Heimweg mal die eine oder die andere küßte.

In Konstanz nahm ich bereits aus reinem Interesse an der Musik und besonders am Zitherspiel Privatstunden, um dieses Instrument zu erlernen. Ich ging zu einem Musiklehrer, der, wenn ich mich nicht täusche, H. oder so ähnlich hieß, bezahlte für Alleinstunden 1.50 RM und habe bei ihm vielleicht 25—30 Stunden genommen. Dann habe ich den Lehrer gewechselt. Warum ich dies getan habe, weiß ich heute nicht mehr genau. Ich habe jedenfalls von da ab meine Zitherstunden beim Vorstand des Zitherclubs, St., genommen. Es kann sein, daß ich in dem Augenblick gewechselt habe, als ich in den Zitherclub eingetreten war. Auch bei St., bei dem die Stunde 2.— RM kostete, habe ich ungefähr 25—30 Stunden genommen. Dann habe ich, trotzdem ich weiter im Zitherclub blieb, keine Stunden mehr genommen, da es mir um das Geld war.

So ist es verständlich, daß ich vielleicht Anfang 1933 in Königsbronn in den Zitherclub eingetreten bin. Ich suchte von den häuslichen Verhältnissen Ablenkung in der Musik. Vorstand dieses Musikvereins war der Eisengießer Heinrich H. Der Klub setzte sich erst aus 12 und später aus 8 Mitgliedern zusammen. Es waren dies: Schlosser oder Dreher Fritz H. aus Königsbronn, damals etwa 24 oder 25 Jahre alt, dann Georg E., ein weitläufiger Verwandter von mir, Schlosser von Königsbronn, dann mein Bruder L., Anton E., Schneider von Königsbronn, weiter Paul H., ein Bruder des vorgenannten Fritz H., ferner zwei Brüder St., Vornamen sind mir nicht erinnerlich, außerdem 3 Fräulein: H., Vorname nicht mehr erinnerlich und zwei weitere Damen, deren Namen ich nicht mehr weiß. Soviel ich weiß, war dieser Zitherclub bei der Polizei in Königsbronn angemeldet. Die Klubabende fanden wöchentlich am Freitag oder Samstag in der Gastwirtschaft „Hecht" in Königsbronn statt. Diese wurden im Nebenzimmer der bezeichneten Wirtschaft abgehalten. An den Klubabenden wurde lediglich musiziert. Hier und da wurden im Hösselsaal in Königsbronn von diesem Klub Konzert- und Tanzabende veranstaltet. An diesen Veranstaltungen und Klubabenden habe ich mich regelmäßig beteiligt. Die Konzertzither befand sich bei Georg S., Schnaitheim, Benzstr. 18. Ich habe sie dort zur Aufbewahrung übergeben. Den Streichbaß habe ich im Frühjahr 1939 in Schnaitheim an einen vom Sehen Bekannten für 80.— RM verkauft. Der Verkauf ist deshalb erfolgt, weil ich für diesen Streichbaß keine Verwendung mehr hatte. Den Streichbaß hatte ich mir aus meinen Ersparnissen im Jahre 1934 in Schwenningen oder sonst von irgendeiner Musikhandlung — Näheres kann ich zurzeit nicht angeben — angeschafft, nachdem um diese Zeit der Zitherclub Tanzmusik veranstaltet hat, zu welcher der Baß benötigt wurde. Unterricht im Streichbaßspielen wurde mir von einem O. in Heidenheim erteilt. Der Vorname und die Wohnung dieses O. ist mir nicht mehr erinnerlich. Dieser

O. ist mir von einem Mitglied des Zitherclubs als Streichbaßlehrer empfohlen worden, wer dies war, ist mir ebenfalls nicht mehr bekannt. — Bei dem Schreinermeister G. war ich bis Herbst 1936 in Arbeit[9a]. Er hatte im Frühjahr 1936 für die Wehrmacht Schreibtische anzufertigen, die zu einer bestimmten Zeit geliefert werden mußten. Aus diesem Grunde hat mich G. damals auch angegangen, bei ihm in Arbeit zu treten. Nach Abschluß dieser Lieferung war ich dort mit der Anfertigung von Wohnungseinrichtungen und Einsetzen von Fensterrahmen in einem Umbau beschäftigt. Im Herbst 1936 habe ich bei G. selbst gekündigt, nachdem mir einesteils die Entlohnung zu gering war, anderenteils er mich immer belehren wollte, obwohl er nicht die Fähigkeiten wie ich besaß. Ich bin im Guten von G. geschieden. Ich habe deshalb bei G. gekündigt aus den angegebenen Gründen, weil ich der bestimmten Ansicht war, daß ich bald wieder Arbeit finde. Zunächst habe ich im Keller meiner Hausfrau H. eine notdürftige Werkstatt mit meinem Material eingerichtet, wo ich im Auftrage der Frau Greta R. eine Puppenstube und für die Hausfrau H. Küchenstühle angefertigt habe. Der Auftrag zur Anfertigung des Küchenschrankes und der Küchenstühle war mir von Frau H. bereits zu der Zeit erteilt worden, wo ich noch bei G. in Arbeit stand. Für die Puppenstube habe ich ungefähr 5.— RM erhalten. Die Anfertigungskosten für die Stühle der Frau H. wurden als Miete verrechnet. Der Küchenschrank wurde von mir nicht mehr fertiggestellt, nachdem die Fertigstellung von dem Ehemann der Frau H. im Dezember 1936 aus einem mir unbekannten Grunde abgelehnt wurde. Mit Frau H. habe ich seit Frühjahr 1936 ein Liebesverhältnis unterhalten, ob ihr Ehemann damals hiervon Kenntnis hatte, ist mir nicht bekannt. Die Ehe der Eheleute H. wurde im Herbst 1938 aus diesem Grunde geschieden. Ich selbst war Zeuge vor Gericht und habe, ebenso wie die Frau H., die Aussage verweigert.

Am 29.12.1936 trat ich bei der Firma W., Armaturenfabrik, in Heidenheim als Hilfsarbeiter ein. Dorthin kam ich durch Vermittlung des ebenfalls dort tätigen Vorarbeiters Wilhelm H., der damals in Itzelberg bei Königsbronn wohnhaft war und den ich Mitte Dezember 1936 in der Gastwirtschaft „Rößl" in Königsbronn getroffen hatte. H. war mir durch seinen öfteren Aufenthalt in Königsbronn persönlich bekannt. Ich habe ihm während der Unterhaltung meine damaligen Verhältnisse mitgeteilt, und er machte mir seinerzeit den Vorschlag, in dem Armaturenwerk in Heidenheim als Hilfsarbeiter einzutreten. Ob ich mich seinerzeit vorher schon nach einer Arbeitsstelle als gelernter Schreiner umgesehen habe, weiß ich nicht mehr genau. Ich glaube aber, ich hatte nichts Derartiges gefunden und so habe ich die Hilfsarbeiterstelle angenommen. Soviel ich mich erinnere, hatte mir H. angeboten, sich bei seiner Firma, bei der er Vorarbeiter war, zu erkundigen, ob etwas frei sei. Nach einigen Tagen gab er mir zusagenden Bescheid, ich solle mich vorstellen. Ich bin entweder mit dem Zug oder mit dem Rad nach Heidenheim gefahren, habe mich vorgestellt und konnte ein oder zwei Tage später als Hilfsarbeiter dort in der Gußputzerei, in welcher H. auch tätig war, anfangen. Ich sollte, wie mir gesagt worden war, nicht lange die schmutzige Arbeit eines Gußputzers versehen, sondern bald eine andere schönere Arbeit verrichten dürfen. Tatsächlich mußte ich auch nur ungefähr ein halbes Jahr, also bis Sommer 1937, diese Arbeit tun. Dann kam ich in die Versandabteilung, wo ich besonders mit Prüfen der Materialeingänge auf ihre Vollständigkeit usw. beschäftigt war. Diese Tätigkeit übte ich bis März 1939 aus.
Solange ich bei der Firma W. in Heidenheim geschafft habe, habe ich immer in Königsbronn gewohnt. Zuerst bis Frühjahr 1937 noch bei Frau H., bis mir der Mann dann, wahrscheinlich nachdem er erfahren hatte, wie ich mit seiner Frau

stehe, gekündigt hat. Anschließend bin ich zu meinen Eltern gegangen, die in der Zwischenzeit die Hälfte eines Doppelhauses, das allerdings viel kleiner war als unser früheres Haus, gekauft hatten. Im elterlichen Haus blieb ich dann in einer Dachkammer wohnen bis Mai 1939, als ich nach Schnaitheim ging. Auch meine Werkstatt, die ich mir im Hause H. provisorisch eingerichtet hatte, habe ich dort mitgenommen und in einem Souterrain-Raum meines elterlichen Hauses wieder provisorisch eingerichtet.
Nach Heidenheim zur Arbeitsstelle bin ich täglich bei schönem Wetter mit dem Fahrrad und bei schlechtem Wetter mit dem Zug gefahren. Abends auf dieselbe Weise zurück. Wenn ich mit dem Fahrrad fuhr, war ich allein. Eine ständige Begleitung hatte ich nicht. Wenn ich mit dem Zug fuhr, sah man allerdings im Eisenbahnwagen täglich fast die gleichen Gesichter, aber besonders angeschlossen habe ich mich an keinen dieser Leute. Auch in der Fabrik habe ich mich in diesem ganzen Jahr an keinen Arbeitskollegen näher angeschlossen. Ich war allgemein als ruhig bekannt.
In der Gußputzerei erhielt ich 0.58 RM, später auch 0.62 RM stündlich Lohn. Ich gebe zu, daß ich als gelernter Schreiner irgendwo anders mehr bekommen hätte. Ich hatte aber kein Interesse daran mehr zu verdienen, sondern nur daran, daß mir die Arbeit gefiel. Wenn ich mehr verdient hätte, hätte ich ja doch keinen Nutzen davon gehabt; denn jeder Betrag über 24.— RM Wochenlohn wird mir ja doch zur Bezahlung der Alimente gepfändet.
Meine Freizeit verbrachte ich teils dadurch, daß ich nach wie vor musizierte. Der Zitherverein bestand immer noch. Teils war ich auch damit beschäftigt, in der Werkstätte zu Hause eine Schatulle, die viel Arbeit machte, anzufertigen. Diese fertigte ich für eine gewisse Maria S. aus Schnaitheim, die ich in der Fabrik kennengelernt hatte[10]. Die Bekanntschaft mit Maria S. stammt aus der Zeit, in der Frau H. noch in Königs-

bronn wohnte. Anfänglich kam ich mit der Maria allerdings wenig zusammen, später etwas mehr und als ich dann in Schnaitheim wohnte, natürlich oft. Im Sommer 1937 ist die Frau H., die sich inzwischen vor der offiziellen Scheidung schon von ihrem Mann getrennt hatte, zuerst in ihre Heimat Jebenhausen bei Göppingen, dann nach Eßlingen verzogen, wo sie heute noch in einer Wollfabrik tätig ist und in einem Fabrikheim wohnt. Das Verhältnis mit der Maria S. war nicht sehr eng. Wir haben uns gut verstanden, haben uns auch mal geküßt, sind aber bis heute per Sie. Geschlechtsverkehr hatte ich mit ihr nie.

So verlief das ganze Jahr 1937 und ein großer Teil des Jahres 1938, ohne daß sich in meinem Leben etwas änderte oder ereignete. – In der Versandabteilung bei W. war mir in meiner Tätigkeit außer dem Betriebsleiter K. niemand überstellt. Mir waren noch zwei Leute beigegeben. Bei dem einen dieser beiden handelte es sich um einen älteren verheirateten Mann namens St. Bei dem anderen handelt es sich um einen ein bis zwei Jahre jüngeren wie ich, dessen Name mir im Augenblick nicht einfällt. Es ist derjenige, an den ich im Dezember 1938 oder Januar 1939 mein Fahrrad um 16.– RM verkauft habe. Mit diesen beiden kam ich gut aus. Hier und da hat noch einer der Arbeiter aus den Werkstätten in der Versandabteilung mitgeholfen, nämlich dann, wenn dessen Maschine für kurze Zeit defekt war.

Wirtschaften habe ich zu der Zeit nur zum Zwecke der Einnahme des Mittagessens aufgesucht. Von 1937 bis Anfang 1938 nahm ich das Essen in der Wirtschaft „Zum Schlachthof" in Heidenheim ein. Ich hatte dort einen bestimmten Platz, ursprünglich befand sich dieser an dem Tisch am Eingang rechts und später habe ich diesen an den Tisch an der hinteren rechten Ecke verlegt. Tischgenossen waren Arbeiter aus dem Armaturenwerk, die ich nicht dem Namen nach, sondern nur vom Sehen her kannte. Die Platzverlegung ist lediglich

deshalb erfolgt, weil mein Platz am Tische rechts des Einganges oft bei meinem Eintreffen besetzt war. Abends bin ich nie in dieser Wirtschaft verkehrt. Ab Anfang Januar nahm ich mein Mittagessen in der Wirtschaft „König Karl". Der Lokalwechsel ist lediglich deshalb erfolgt, weil ich ein Verlangen nach besserem Essen hatte, auch war die Auswahl in der Wirtschaft „König Karl" größer als in der Wirtschaft „Zum Schlachthof". Einen bestimmten Platz hatte ich in der Wirtschaft „König Karl" nicht. An Unterhaltungen in den Wirtschaften während der Einnahme des Mittagessens habe ich mich nur selten beteiligt. Diese Wirtschaft hatte ich hier und da auch abends aufgesucht, um dort mein Abendbrot zu mir zu nehmen, ehe ich nach Hause fuhr. Außer der Wirtschaft „Hecht", in der die Klubabende des Zitherclubs in Königsbronn stattfanden, habe ich abends weder in Heidenheim, Königsbronn noch sonst irgendwo Gaststätten aufgesucht.
Zu meiner Tätigkeit in der Armaturenfabrik in Heidenheim habe ich noch folgendes nachzutragen:
In dem Armaturenwerk in Heidenheim bestand schon bei meinem Eintritt in dieses Werk eine sogenannte „Sonder-Abteilung", in der Pulverkörner gepreßt und Geschoßzünder hergestellt wurden. Leiter dieser Sonderabteilung ist meines Wissens der Betriebsleiter K. Wieviel Arbeiter in der Sonderabteilung beschäftigt sind, ist mir nicht bekannt. Die Belegschaft des Armaturenwerkes besteht aus ungefähr 1000 Mann. Das Pulver wird in einem Gebäude außerhalb der Fabrik gepreßt. Das Gebäude, in dem die Geschoßzünder hergestellt werden, befindet sich innerhalb der Fabrikanlage. Für diese Sonderabteilung gingen im Armaturenwerk oftmals Proben und Muster von Zündern und Zünderteilen ein, die von mir für die Firma in Empfang genommen und an die einzelnen Meister in der Sonderabteilung nach Kontrolle der Sendung weitergegeben wurden. Der Eingang und die Richtigkeit dieser Sendungen wurde von mir in der Versandab-

teilung gebucht. Die Abgabe an die einzelnen Meister wurde nicht verbucht, das heißt, dies ist erst ab Herbst 1938 erfolgt. In der Zünderabteilung waren damals als Meister ein N., ein S., B. jun. und sen. und der Sohn des Betriebsleiters K. beschäftigt.
Die Meister N. und S. waren in der Abteilung der Sonderabteilung beschäftigt, wo die Zünder zusammengesetzt wurden. An N. hatte ich die eingegangenen Gewindeschrauben, Pappringe und Zelluloselack abzuliefern. Es handelte sich dabei nicht nur um eingegangene Muster, sondern auch um bestelltes Material, das dort benötigt wurde. An Meister S. hatte ich Bandfedern, Nadelstücke, Schlitzmuttern, Zündnadeln, Holzstößel, Federn und Bolzen abzugeben. Auch hier handelte es sich nicht nur um Muster, sondern auch um bestelltes Material. Die Meister B. jun. und sen. und K. waren im Automatensaal und in der Revolverdreherei. Diesen hatte ich lediglich Werkzeuge, Maschinenersatzteile und dergleichen, die von dort bestellt und auf Grund der Bestellung eingegangen waren, auszuhändigen. In der Abteilung Pulverpresse hatte ich die eingegangenen Kisten und Tonnen, die Pulver enthielten, an einen Arbeiter abzuliefern. Der Name dieses Arbeiters ist mir augenblicklich nicht bekannt. Ein Meister war dort nicht vorhanden. Von dort habe ich auch leere Kisten und Tonnen wieder in die Versandabteilung mitzunehmen gehabt. Diese leeren Kisten und Tonnen wurden von mir in einen Raum im Erdgeschoß gebracht, wo sie von einem Arbeiter in Empfang genommen wurden. Bei der Aushändigung des eingegangenen bestellten Materials waren auch die beiden mir zugeteilten Gehilfen behilflich.
Mit den oben angeführten Meistern oder einem Arbeiter, der in der Sonderabteilung beschäftigt war, war ich nicht befreundet noch näher bekannt. Ich kannte diese Leute lediglich vom Sehen. Mir hat in der Sonderabteilung auch niemand gezeigt, wie Zünder zusammengesetzt und zusammengebaut werden.

Auch habe ich nie zugesehen, wie derartige Zünder zusammengebaut wurden. Dies war von der Betriebsleitung aus verboten. Ich hatte in der Sonderabteilung lediglich das eingegangene Material abzuliefern und mich sofort wieder zu entfernen.

Bei meinem Eintritt in die Armaturenfabrik in Heidenheim war mir nicht bekannt, daß dort eine derartige Sonderabteilung besteht. Darüber hat mir auch H. keinerlei Mitteilungen gemacht. Von den Arbeiten der Sonderabteilung hatte ich das erste Mal Kenntnis erhalten, als ich noch in der Gußputzerei beschäftigt war. Ich habe seinerzeit beobachtet, wie im Hof der Fabrik auf einem Handwagen sog. Rohlinge, das sind Rohpreßteile für Zündköpfe, von einer Abteilung in die andere befördert wurden. Diese Teile sah ich damals zum erstenmal. Ob ich seinerzeit gefragt habe und mir dann erklärt wurde, zu welchem Zweck diese Rohlinge verwendet wurden, oder ob ich selbst nach einiger Zeit darauf gekommen bin, weiß ich heute nicht mehr. Weiterhin habe ich mich um die Arbeiten der Sonderabteilung, solange ich in der Gußputzerei beschäftigt war, nicht mehr erkundigt. Erst durch meine Tätigkeit in der Versandabteilung habe ich die Einzelheiten über die Arbeiten der Sonderabteilung erfahren. In die Versandabteilung bin ich ohne mein Zutun und ohne Fürsprache einer anderen Person durch die Betriebsleitung versetzt worden.

Obwohl ich nicht zusehen durfte, wie Zünder montiert worden sind, habe ich doch verschiedene Einzelteile, die durch meine Finger gegangen sind, so z. B. die Nadeln für die Zündung, gesehen und außerdem auch öfter Zeichnungen in Händen gehabt, auf denen die genauen Maße für die Kontrollehren angegeben waren. Zeichnungen eines fertigen oder halbfertigen Zünders habe ich nie gesehen, ebensowenig solche von bestimmten Einzelteilen. Wie ein Zünder funktioniert, habe ich seinerzeit nicht erfahren und weiß es bis heute noch nicht. Das ist doch sicher kompliziert.

Bis zum Entschluß zu meiner Tat im Herbst 1938 habe ich in der Fabrik weder Teile noch Pulver entwendet.
Die in unserer Fabrik aufgestellten Pulverpressen verarbeiteten sowohl bei uns eingehendes gekörntes Pulver in gepreßte Pulverplatten für unseren eigenen Bedarf zur Herstellung der Zünder, als auch anscheinend für andere Fabriken. Es war wenigstens so, daß bei uns viel mehr gekörntes Pulver einkam, als wir verarbeiteten, und gepreßtes Pulver wieder von uns an verschiedene Stellen abgegeben wurde.
Bis zum Sommer 1937 war in der Versandabteilung der Armaturenwerke meines Wissens nur ein Mann mit 2 und später 3 bis 4 Gehilfen für den Ein- und Ausgang vorhanden. Nachdem sich das Werk vergrößert und die Ein- und Ausgänge sich dadurch vermehrt haben, konnten diese Arbeiten von dem bisherigen Personal allein nicht mehr erledigt werden. Es wurde deshalb die Verantwortlichkeit für den Ein- und Ausgang getrennt. Die Eingänge hatte ich mit meinem bereits genannten Gehilfen zu bearbeiten, die Ausgänge wurden von dem bisherigen Leiter der Versandabteilung namens K. erledigt. Die Namen seiner Gehilfen fallen mir augenblicklich nicht ein. Mit K. stand ich nur in geschäftlicher Verbindung, befreundet war ich mit ihm nicht.
Den Entschluß zu meiner Tat faßte ich im Herbst 1938.

Während meines ganzen Lebens habe ich nicht viel gelesen. Romane, sogen. Heftchen mit Jugenderzählungen und andere Bücher, habe ich überhaupt noch nicht gelesen. Einmal habe ich einen Zeitungsroman halb gelesen. Dann wurde es mir zu dumm. An technischer Literatur habe ich nur die Bau- und Möbelschreinerzeitung gelesen[11].
Bezüglich meiner Krankheiten, Verletzungen und meines allgemeinen Gesundheitszustandes usw. befragt, gebe ich folgendes an:

Im Alter von ungefähr 5 oder 6 Jahren, jedenfalls vor dem Besuch der Schule, hatte ich eine Kinderkrankheit. Ich weiß nicht mehr genau, ob es sich um rote Flecke (Masern) oder Scharlach gehandelt hat. Außerdem war ich als Kind, soviel ich weiß, öfter krank. Ich hatte hauptsächlich und häufig unter Fiebererkrankungen und gelegentlich Hautausschlägen zu leiden. Auch während der Schulzeit traten dieselben Krankheiten noch auf. Ich weiß nicht, um was es sich hierbei gehandelt hat, ich kann mich nur erinnern, auch häufig Kopfschmerzen gehabt zu haben. Die Beschwerden, die ich bereits erwähnte, während der Zeit meiner Tätigkeit in der Eisendreherei, äußerten sich ebenfalls hauptsächlich in Kopfschmerzen.
Auch in der späteren Zeit bis heute hatte ich häufiger als andere mit Fiebererkrankungen, die mit Kopfschmerzen verbunden waren, zu tun. Eine ernstliche Erkrankung habe ich jedoch nie durchgemacht. Ich glaube auch, daß ich zurzeit völlig gesund bin. Eine Geschlechtskrankheit oder irgendwelche Anzeichen dafür habe ich an mir noch nie beobachtet. Den kleinen Finger meiner rechten Hand habe ich nahezu vollständig als kleiner Junge mit 7 Jahren dadurch verloren, daß ich am Schleifstein meines Vaters diesen Finger zwischen die Zahnräder der Übersetzung brachte. Sonstige ernstliche Verletzungen hatte ich nicht. Eben fällt mir ein: Im Alter von ungefähr 30 Jahren bin ich beim Ausputzen eines Baumes in meinem väterlichen Anwesen herabgestürzt. Dabei habe ich eine Rippe gebrochen. Ins Krankenhaus kam ich damals nicht. Weitere Verletzungen habe ich bei diesem Unfall auch nicht erlitten. Ein anderer Fall: Im Frühjahr 1939 (vielleicht Mai) ist mir im Steinbruch ein großer Stein auf den Fuß gefallen[12]. Dies führte zu einem Bruch des linken Vorderfußes. Ich war 9 Wochen krank geschrieben und stand so lange in ärztlicher Behandlung. Ins Krankenhaus kam ich nicht.
Ob von meinen Großeltern oder sonstigen Verwandten jemand durch eine besondere Krankheit gestorben ist oder

Selbstmord verübt hat, ist mir nicht bekannt. Ich habe nichts davon gehört.

Abgesehen von gelegentlichen, aber seltenen kleinen Biernippen am Glas meines Vaters in früherer Jugend, habe ich mein erstes Glas Bier, vielleicht im Alter von 10 Jahren, getrunken. Dies kam aber bis zum 16. oder 17. Lebensjahr recht selten vor. In meinem ganzen Leben war ich überhaupt nur vielleicht dreimal betrunken. Nicht einmal, wenn ich regelmäßig in der Werkstatt gearbeitet habe, habe ich täglich Bier getrunken. Mehr als 6 Glas Bier habe ich noch nie auf einmal getrunken. Mit diesem Quantum habe ich bereits einen Rausch. Wein oder Schnaps habe ich überhaupt ganz selten getrunken. Vielleicht mit 24 Jahren habe angefangen zu rauchen. Nach 2 Jahren wurde ich aber wieder Nichtraucher. In dieser Zeit habe ich etwa in der Woche 20 Zigaretten geraucht. Seitdem habe ich überhaupt nicht mehr geraucht. Irgendwelche anderen Rauschmittel, die mir genannt werden, kenne ich nicht.

Sexualleben

Die erste Kenntnis von den Zeugungsvorgängen erhielt ich, nach meiner Erinnerung, durch einen Schulkameraden vermittelt. Bis zu meinem 22. Lebensjahr hatte ich aber keinerlei geschlechtliches Verhältnis. Der Begriff Onanie ist mir nur in der Theorie bekannt. Irgendwelche Versuche geschlechtlicher Art habe ich nie unternommen. Während meines Aufenthaltes in Konstanz pflegte ich den ersten Geschlechtsverkehr mit einer gewissen Brunhilde, von der mir nur noch der Vorname in Erinnerung ist. Auch meine weiteren Erlebnisse auf diesem Gebiet fallen in den Aufenthalt in Konstanz. Der Brunhilde folgten eine gewisse Anna, dann die Mathilde N., dann die Hilda L. und dann später während meines Aufenthalts in Königsbronn meine dortige Hausfrau H., die heute, wie bereits erwähnt, in Eßlingen wohnt.

Mit den übrigen Mädchen, mit denen ich gelegentlich ein Verhältnis unterhielt, hatte ich keinen Geschlechtsverkehr. Der Verkehr mit der Mathilde N. hatte Folgen[13]. Es wurde uns seinerzeit, als sie glaubte, daß sie im zweiten Schwangerschaftsmonat sei, eine Adresse in Genf genannt, wo dies beseitigt werden würde. (Die Adresse fällt mir nicht mehr ein.) Wir fuhren gemeinsam, d. h. Mathilde und ich, nach Genf. Mathilde wurde untersucht und es wurde festgestellt, daß sie bereits im vierten Monat war und ein Eingriff nicht mehr gemacht werden könne. Diese Untersuchung hat damals eine Frau vorgenommen. Wir mußten dafür nichts bezahlen. Eine Nacht blieben wir in Genf und fuhren am nächsten Tag nach Konstanz zurück. Die Reisekosten habe ich getragen. Das Kind wurde geboren. Es ist ein Knabe, Manfred. Mathilde N. hat sich später verheiratet. Wie sie heute heißt, weiß ich nicht. Für Alimentenzahlungen werden mir wöchentlich die Überschüsse meines Wochenlohnes, sobald sie 24 Mark überschreiten, abgezogen. Das Kind Manfred habe ich bis zum Alter von etwa einem halben Jahr öfter gesehen, seither aber nicht mehr. Ich hatte immer die Absicht, den Knaben einmal später zu mir zu nehmen bzw. meine Mutter.
Irgendwelche perverse Formen des Geschlechtsverkehrs sind mir nicht einmal theoretisch bekannt.

Vermerk: Die Niederschrift dieses Abschnittes der Vernehmung wurde aus der volkstümlichen Ausdrucksweise des Beschuldigten übernommen.

Religiöses Leben
Meine Mutter ist streng religiös, mein Vater viel weniger. Beide sind, ebenso wie ich und alle Geschwister, protestantisch. In der ganzen Verwandtschaft bei uns ist niemand evangelischer Geistlicher. Meine Mutter hat mit mir als Kind immer gebetet. Als ich etwas größer wurde, habe ich das von

mir aus fortgesetzt, und zwar habe ich nicht immer, aber oft vor dem Einschlafen das Vaterunser gebetet. Persönlich, d. h. aus freiem Herzen und in selbstgewählten Worten habe ich nie zu Gott gebetet. Meine Tat bezw. den Wunsch eines Gelingens derselben habe ich nie mit in mein Gebet aufgenommen. Als Kind wurde ich von meinen Eltern gelegentlich sonntags mit in die Kirche genommen, später bin ich manches Mal allein gegangen, aber schließlich immer seltener. Erst im Laufe dieses Jahres ging ich wieder öfter in die Kirche, nämlich bis heute vielleicht seit Jahresbeginn ungefähr 30-mal. Ich bin in letzter Zeit auch öfter werktags in eine katholische Kirche gegangen, wenn gerade keine evangelische Kirche da war, um dort mein Vaterunser zu beten. Es spielt meines Erachtens keine Rolle, ob man dies in einer evangelischen oder katholischen Kirche tut. Ich gebe zu, daß diese häufigen Kirchenbesuche und dieses häufige Beten insofern mit meiner Tat, die mich innerlich beschäftigte, in Zusammenhang stand, als ich bestimmt nicht soviel gebetet hätte, wenn ich die Tat nicht vorbereitet bezw. geplant hätte. Es ist schon so, daß ich nach einem Gebet immer wieder etwas beruhigter war.

Wenn ich gefragt werde, ob ich die von mir begangene Tat als Sünde im Sinne der protestantischen Lehre betrachte, so möchte ich sagen, „im tieferen Sinne, nein!".

Ich glaube an ein Weiterleben der Seele nach dem Tode und ich glaubte auch, daß ich einmal in den Himmel kommen würde, wenn ich noch Gelegenheit gehabt hätte, durch mein ferneres Leben zu beweisen, daß ich Gutes wollte. *Ich wollte ja auch durch meine Tat ein noch größeres Blutvergießen verhindern.*

Persönliche Bekanntschaft mit einem evangelischen Geistlichen pflegte ich nie. Selbst mit unserem Pfarrer in Königsbronn, der mich konfirmiert hat, stand ich nachher in keinerlei Fühlung. Wir haben uns auch nie geschrieben.

Mit guten Katholiken hatte ich, außer der bereits erwähnten Hilda L. in Konstanz, mit der ich allerdings während der Zeit unserer Bekanntschaft öfter in die katholische Kirche ging, keinen engen Kontakt. Meine späteren Besuche in katholischen Kirchen waren von niemand angeregt.
Bibelforscher und andere Sekten kenne ich nur dem Namen nach. Soviel ich weiß, geht meine Mutter neben der Kirche noch in eine Betstunde. Ich war aber nie mit und weiß auch nichts Näheres davon.

Politischer Lebenslauf
Meine Eltern waren und sind vollkommen unpolitisch. Ich erinnere mich, daß mein Vater zu irgendwelchen Wahlen nur ging, wenn man ihn geholt hat. Was er gewählt hat, weiß ich nicht. Als ich in das wahlberechtigte Alter kam, hat er mich jedenfalls nicht irgendwie beeinflußt. Ich glaube, meine Mutter ist wohl zur Wahl gegangen, hat aber nie etwas gesagt, wem sie ihre Stimme gegeben hat.
Mein Vater gehörte weder einer Partei noch irgendeinem Verein an. Ich kann mich auch gar nicht erinnern, daß ich einmal meinen Vater politisieren gehört hätte. Früher hatten meine Eltern auf den „Grenzboten", unser Heimatblatt, abonniert. Diese Zeitung existiert heute noch. Seit Jahren wird aber in meinem Elternhaus keine Zeitung mehr gelesen. Ich glaube des Geldes wegen.
Ich selbst habe außer der bereits erwähnten Möbel- und Bauschreinerzeitung bis jetzt noch nicht eine Zeitung regelmäßig gelesen. Überall, wo ich gerade hinkam, in Gasthäusern usw., habe ich eben das gelesen, was gerade da war. Die „Schwäbische Tagwacht" (Württembergische Sozialdemokratische Zeitung) ist mir wohl noch dem Namen nach in Erinnerung, in meiner Heimat gab es sie, ich selbst habe sie aber nie gelesen. An den Namen „Süddeutsche Arbeiterzeitung" (KPD) kann ich mich nicht erinnern.

Persönlich bin ich nie politisch hervorgetreten. Nach Erreichung des wahlberechtigten Alters habe ich immer die Liste der KPD gewählt, weil ich dachte, das ist eine Arbeiterpartei, die sich sicher für die Arbeiter einsetzt. Mitglied dieser Partei bin ich jedoch nie gewesen, weil ich dachte, es genüge, wenn ich meine Stimme abgebe. An irgendwelchen Aktionen, wie Flugblattverteilung, Zettelwerfen, Demonstrationszügen und Schmierereien habe ich mich nie beteiligt. Während meiner ganzen beruflichen Tätigkeit war ich nie im Betriebsrat tätig. Ich war Mitglied der Gewerkschaft des Holzarbeiterverbandes, weil dies der Verband der Arbeiter meines Berufes war und weil man Mitglied dieses Verbandes sein sollte. Mit Ausnahme einer späteren noch zu schildernden Zeit habe ich auch nie an parteipolitischen Versammlungen teilgenommen. Im Jahre 1928 oder 1929 bin ich in Konstanz dem RFB.[14] beigetreten. Ich war aber nur zahlendes Mitglied, denn eine Uniform oder irgendeinen Funktionärposten habe ich nie inne gehabt. Insgesamt war ich auch nur dreimal während meiner ganzen RFB.-Mitgliedschaft in einer politischen Versammlung, natürlich der KPD. In den RFB. bin ich durch häufiges Zureden eines Arbeitskameraden namens F., der damals, ebenso wie ich, in der Uhrenfabrik in Konstanz arbeitete und mit mir einige Zeit zusammen in der Inselgasse in Konstanz wohnte, eingetreten.

Wenn ich gefragt werde, ob ich gewußt habe, daß die KPD. die Absicht und das Ziel hatte, in Deutschland eine Rätediktatur oder eine Diktatur des Proletariats aufzustellen, so muß ich sagen, daß es nicht ausgeschlossen ist, daß ich so etwas mal gehört habe. Aber irgend etwas gedacht habe ich mir dabei bestimmt nicht. Ich dachte nicht anders, als daß man durch eine Stimmenabgabe die Mandate der Kommunisten verstärken müsse und daß dann so die Partei mehr für die Arbeiterschaft tun könne. Von einem gewaltsamen Umsturz habe ich nie etwas gehört.

Für das Programm der KPD. habe ich mich nie interessiert. Ich kann daher auch nicht angeben, wie sich im Fall des Sieges der KPD. die wirtschaftliche Lage umgestellt hätte. In den Versammlungen ist lediglich davon gesprochen worden, daß mehr Lohn gezahlt werden soll, bessere Wohnungen geschafft werden sollen und solche ähnliche Dinge. Die Aufstellung dieser Forderungen hat für mich genügt, um mich kommunistisch zu orientieren[15].

Wirtschaftliche Verhältnisse
Meine wirtschaftlichen Verhältnisse sind in Ordnung. Die meiste Zeit meines Lebens hatte ich Arbeit und Verdienst. Vermögen habe ich keines und auch keines zu erwarten, da das Anwesen meiner Eltern stark mit Schulden bedeckt ist. Ich persönlich habe keine Schulden. Vom Amtsgericht Konstanz wurde ich vor ungefähr 9 Jahren zur Bezahlung von monatlich 45.— RM für den Unterhalt meines Sohnes Manfred verurteilt. Diese Zahlung habe ich natürlich bis heute nie vollständig leisten können, so daß dadurch eine erhebliche Schuld angewachsen ist. Wieviel sie heute beträgt, will ich gar nicht wissen.

Vorstrafen
Vorbestraft bin ich nicht. Ein Strafverfahren war gegen mich noch nie anhängig.

Vernehmung wird um 20 Uhr abgebrochen.

        gez. Sch. gez. K. gez. S.
        Kriminalkommissare

Weiterverhandelt am 21.11.1939 um 8 Uhr 30.

Weltanschauung
Auf entsprechende Befragung gibt Elser an:
Ich glaube, daß die ganze Welt und auch das menschliche Leben von Gott geschaffen wurde. Ich glaube auch, daß sich nichts in der Welt abspielt, von dem Gott nichts weiß. Die Menschen werden wohl einen freien Lauf haben, aber Gott kann sich dreinmischen, wann er will.
Er hat mir auch meinen freien Lauf gelassen. Ob er sich bei meiner Tat auch dreingemischt hat und den Führer früher weggehen ließ, weiß ich nicht.
Ich habe nicht gewußt, daß es in Rußland keine Kirchen und keine Geistlichen mehr gibt. Ich habe nie davon gelesen und glaube das auch gar nicht. *Dagegen glaube ich, daß die deutsche Regierung die in Deutschland bestehenden Kirchen, d. h. Religionen, abschaffen will.* Soviel ich weiß oder gehört habe, sollen alle Deutschen nur noch an eine Lehre glauben. Sie sollen Deutsche Christen werden. Wenn ich gefragt werde, ob ich das für gut oder schlecht halte, so kann ich dies nicht beantworten, weil ich die Lehre der Deutschen Christen nicht kenne.
Ich glaube an Himmel und Hölle, so wie ich es in der Schule im Religions- und Konfirmandenunterricht gehört habe. Ich glaube, daß Gott auch persönlich in einem Gebet angerufen werden kann und daß er das hört und erfüllen kann, wenn er will.

Vermerk: Dem Beschuldigten werden einige Begriffe aus der nationalsozialistischen Weltanschauung auseinandergesetzt. Diese Gedankengänge sind ihm angeblich unbekannt.

B) Zur Sache

Im Herbst 1938 war ich, wie bereits erwähnt, in der Armaturenfabrik Heidenheim in der Versandabteilung beschäftigt und bei meinen Eltern in Königsbronn wohnhaft.
Nach meiner Ansicht haben sich die Verhältnisse in der Arbeiterschaft nach der nationalen Revolution in verschiedener Hinsicht verschlechtert. So z. B. habe ich festgestellt, daß die Löhne niedriger und die Abzüge höher wurden. Während ich im Jahre 1929 in der Uhrenfabrik in Konstanz durchschnittlich 50.— RM wöchentlich verdient habe, haben die Abzüge zu dieser Zeit für Steuer, Krankenkasse, Arbeitslosenunterstützung und Invalidenmarken nur ungefähr 5.— RM betragen. Heute sind die Abzüge bereits bei einem Wochenverdienst von 25.— RM so hoch. Der Stundenlohn eines Schreiners hat im Jahre 1929 eine Reichsmark betragen, heute wird nur noch ein Stundenlohn von 68 Pfg. bezahlt. Es ist mir erinnerlich, daß 1929 sogar ein Stundenlohn von 1.05 RM tarifmäßig bezahlt worden ist. Aus Unterhaltungen mit verschiedenen Arbeitern ist mir bekannt, daß auch in anderen Berufsgruppen nach der nationalen Erhebung die Löhne gesenkt und die Abzüge größer wurden[15a]. Beispiele kann ich nicht anführen.
Ferner steht die Arbeiterschaft nach meiner Ansicht seit der nationalen Revolution unter einem gewissen Zwang. Der Arbeiter kann z. B. seinen Arbeitsplatz nicht mehr wechseln wie er will, er ist heute durch die HJ. [Hitler-Jugend] nicht mehr Herr seiner Kinder und auch in religiöser Hinsicht kann er sich nicht mehr so frei betätigen. Ich denke hier insbesondere an die Tätigkeit der Deutschen Christen. Weitere Beispiele fallen mir augenblicklich nicht ein. Diese Feststellungen und Beobachtungen habe ich bis zum Jahre 1938 und

auch in der Folgezeit gemacht. *Ich habe noch im Laufe dieser Zeit festgestellt, daß deswegen die Arbeiterschaft gegen die Regierung „eine Wut" hat.* Diese Feststellungen habe ich im allgemeinen gemacht, einzelne Personen, die sich in diesem Sinne geäußert haben, kann ich nicht angeben. Diese Feststellungen habe ich in den Betrieben, wo ich gearbeitet habe, in Wirtschaften und während der Bahnfahrt gemacht, einzelne Personen kann ich mit bestem Willen namentlich nicht angeben. Die Namen dieser Personen sind mir nicht bekannt. Ich muß zugeben, daß es zwischendurch auch vorkam, daß bei solchen Unterhaltungen auch einzelne, mir ebenso unbekannte Personen widersprochen haben. Bei den Unterhaltungen über die angeblich schlechten sozialen Verhältnisse habe auch ich mich beteiligt und die Ansicht meiner Kameraden hierüber geteilt. *Darüber, wie man diese Verhältnisse beseitigen kann, ist nie gesprochen worden.*
Im Herbst 1938 wurde nach meinen Feststellungen in der Arbeiterschaft allgemein mit einem Krieg gerechnet. Ich kann heute nicht mehr angeben, ob dies auf die politischen Ereignisse im Herbst vorigen Jahres allein oder auch auf andere Gründe zurückzuführen war. In der Arbeiterschaft herrschte deswegen große Unruhe. *Auch ich vermutete, daß es wegen der Sudetenfrage „schief geht", d. h., daß es zu einem Krieg kommt*[16]. Nach der Münchener Besprechung kehrte in der Arbeiterschaft wieder Ruhe ein, der Krieg wurde als erledigt betrachtet. Ob weiterhin von einem Krieg unter der Arbeiterschaft gesprochen wurde, kann ich heute nicht mehr sagen.
Ich war bereits voriges Jahr um diese Zeit der Überzeugung, daß es bei dem Münchener Abkommen nicht bleibt, daß Deutschland anderen Ländern gegenüber noch weitere Forderungen stellen und sich andere Länder einverleiben wird und daß deshalb ein Krieg unvermeidlich ist, d. h. ich hatte die Vermutung, daß es so kommen wird[17]. Dies war meine eigene Auffassung. Ich kann mich nicht erinnern, daß Arbeits-

kameraden nach dem Abkommen von München 1938 noch von einer weiteren Kriegsgefahr sprachen. Ich gebe allerdings zu, daß ich in dieser Zeit ausländische Radiosendungen gehört habe.

Im Herbst, Winter 1938 oder auch erst Anfang 1939 habe ich mir von dem Musikalienhändler K. in Heidenheim einen Radioapparat zur Probe geben lassen. Ich glaube, es hat sich um einen Philips-Apparat gehandelt, der meines Wissens über 200.—RM kosten sollte. Ich hatte tatsächlich die Absicht, mir einen Apparat auf Raten zu kaufen. Da aber meine Mutter, wenn ich ihn zu Hause einschaltete, immer sagte, sie brauche keine Unterhaltung, habe ich ihn dann nicht gekauft, sondern ungefähr nach 14 Tagen wieder zurückgegeben. Zu Hause hatte ich den Apparat in meiner Kammer stehen und ihn mittels eines Zwischenstücks an meiner elektrischen Lampe angeschlossen. Mit diesem Apparat habe ich, als ich alle möglichen Stationen absuchte, zufällig an irgendeiner Stelle deutsch sprechen hören. Auf der Skala war der Name „Moskau" nicht verzeichnet, sonst hätte ich ihn gleich gefunden und hätte gar nicht lange zu suchen brauchen. — Dies darf nicht so aufgefaßt werden, als ob ich nach der Station Moskau besonders gesucht hätte. Ich meinte dies so, daß ich sonst gleich gewußt hätte, wo Moskau ist. Ich habe also Moskau nicht gesucht, sondern bin beim Drehen nur zufällig darauf gekommen. Beim Abhören der Sprechsendung habe ich dann gemerkt, daß es Moskau sein muß. Ob ich vorher schon wußte, daß der Sender Moskau auch in deutscher Sprache sendet, weiß ich heute nicht mehr. Von da ab habe ich dann noch öfter diesen Sender eingestellt. Während der ganzen Zeit, in der ich den Apparat hatte, vielleicht drei- oder viermal. Andere deutschsprechende Auslandssender habe ich mit diesem Apparat nie abgehört. Andere Sender dieser Art oder Moskau habe ich dann nicht mehr gehört, bis ich im Mai 1939 nach Schnaitheim zu S. gezogen bin.

Als ich zu S. zog, hatten diese, glaube ich, noch kein Radio. Sie schafften sich erst einen an, als ich schon dort wohnte. Ich muß mich berichtigen: Es fällt mir eben ein, daß S. ihren Apparat schon hatten, als ich zu ihnen zog. Was für eine Marke es war, weiß ich nicht. Soviel ich weiß, hatte er ungefähr 170.— bis 200.— RM gekostet.
Der Apparat stand dort in der Küche. Mit diesem Apparat haben wir, d. h. wer eben gerade in der Küche war, den Straßburger Sender öfter gehört[18]. Ebenso einen Schweizer Sender. Abends, wenn die Familie S. im Bett war, habe ich dann noch manchesmal allein den Moskauer Sender eingeschaltet und deutsche Sendungen gehört. Auch auf diesem Apparat war der Name „Moskau" nicht verzeichnet. Andere Sender mit Ausnahme deutscher Rundfunksender und vielleicht auch ein- oder zweimal eines englischen Senders habe ich dort nicht gehört. Den Freiheitssender 29.8 oder andere Sender dieser Art kenne ich nicht. Im Familienkreis S. wurde dann auch über den Inhalt der Sendungen gesprochen. Auf Einzelheiten dieser Unterhaltungen kann ich mich heute nicht mehr besinnen. Es ist mir aber noch erinnerlich, daß bestimmte Nachrichten, die offensichtlich falsch waren, von uns abgelehnt wurden. Über andere hat man sich unterhalten, ob sie vielleicht richtig sein könnten.
Die seit 1933 in der Arbeiterschaft von mir beobachtete Unzufriedenheit und der von mir seit Herbst 1938 vermutete unvermeidliche Krieg beschäftigten stets meine Gedankengänge. Ob dies vor oder nach der Septemberkrise 1938 war, kann ich heute nicht mehr angeben. Ich stellte allein Betrachtungen an, wie man die Verhältnisse der Arbeiterschaft bessern und einen Krieg vermeiden könnte. Hierzu wurde ich von niemanden angeregt, auch wurde ich von niemandem in diesem Sinne beeinflußt. Derartige oder ähnliche Unterhaltungen habe ich nie gehört. Auch vom Moskauer Sender habe ich nie gehört, daß die deutsche Regierung und das Re-

gime gestürzt werden müssen. Die von mir angestellten Betrachtungen zeitigten das Ergebnis, daß die Verhältnisse in Deutschland nur durch eine Beseitigung der augenblicklichen Führung geändert werden könnten. Unter der Führung verstand ich die „Obersten", ich meine damit Hitler, Göring und Goebbels. Durch meine Überlegungen kam ich zu der Überzeugung, daß durch die Beseitigung dieser 3 Männer andere Männer an die Regierung kommen, die an das Ausland keine untragbaren Forderungen stellen, „die kein fremdes Land einbeziehen wollen" und die für eine Besserung der sozialen Verhältnisse der Arbeiterschaft Sorge tragen werden. An bestimmte Personen, die die Regierung übernehmen sollten, habe ich weder damals noch später gedacht. Den Nationalsozialismus wollte ich damals nicht beseitigen. Ich war davon überzeugt, daß der Nationalsozialismus die Macht in seinen Händen hatte und daß er diese nicht wieder hergeben werde. Ich war lediglich der Meinung, daß durch die Beseitigung der genannten drei Männer eine Mäßigung in der politischen Zielsetzung eintreten wird. Bestimmt kann ich angeben, daß ich nicht im geringsten an eine andere Partei oder Organisation gedacht habe, die nach einer Beseitigung der Führung das Ruder in Deutschland in die Hand genommen hätte. Auch über diesen Punkt habe ich mich mit niemand unterhalten. Der Gedanke der Beseitigung der Führung ließ mich damals nicht mehr zur Ruhe kommen und bereits im Herbst 1938 – es war dies vor dem November 1938 – hatte ich auf Grund der immer angestellten Betrachtungen den Entschluß gefaßt, die Beseitigung der Führung selbst vorzunehmen. Ich dachte mir, daß dies nur möglich sei, wenn die Führung sich bei irgendeiner Kundgebung befindet. Aus der Tagespresse entnahm ich damals, daß die nächste Zusammenkunft, bei der auch die Führung teilnimmt, sich am 8. und 9. November 1938 in München im „Bürgerbräukeller" abspielt. Bestimmt kann ich allerdings nicht mehr sagen, ob ich diese Zusammen-

kunft tatsächlich aus der Zeitung oder sonst irgendwie erfahren habe. Ob mir dies später noch einfällt, kann ich nicht angeben.
Am 8. November 1938 fuhr ich von Königsbronn aus mit der Bahn nach München, um mir den Verlauf der Kundgebung am 8. November im Bürgerbräukeller in München anzusehen[19]. *Ich wollte mich damals vergewissern, ob und welche Möglichkeiten dort vorhanden sind, meinen Entschluß in die Tat umzusetzen.* Über die Art der Durchführung meines Entschlusses hatte ich mir bis dahin keine Gedanken gemacht.
Soviel ich mich erinnere, kam ich damals am 8. November 1938 gegen 19 Uhr in München an. Die Zeit der Abfahrt in Königsbronn ist mir nicht mehr in Erinnerung. Unmittelbar nach Eintreffen des Zuges in München begab ich mich vom Zug aus in das Quartieramt im Hauptbahnhof München, wo ich um ein Nachtquartier nachgefragt habe[20]. Es wurde mir ohne weiteres ein Zimmer in der Albanistraße zugewiesen. Die Hausnummer und der Quartiergeber sind mir nicht mehr bekannt. Ich glaube, daß ich dieses Anwesen heute noch finden würde. Das Quartieramt befand sich halblinks des Bahnsteiges, den ich verlassen habe. Über dem Eingang war groß die Aufschrift „Quartieramt" angebracht. Ob es sich um das Quartieramt des 8./9. November gehandelt hat, weiß ich nicht. Es befanden sich in diesem Quartieramt einige Schalter, das Personal des Quartieramtes und das Publikum befand sich dort teils in Parteiuniform, teils in Zivil. Ob ich dort nach meinem Namen und nach meiner Herkunft befragt worden bin und ob ich gefragt worden bin, ob ich Marschteilnehmer von 1923 bin, ist mir nicht mehr in Erinnerung. Ich glaube, daß ich lediglich gefragt wurde, in welcher Gegend ich Unterkunft wünsche. Einen diesbezüglichen Wunsch habe ich nicht geäußert. Mir wurde dort lediglich ein Zettel mit der Aufschrift: „Albanistraße," Hausnummer und

Mietgeber, ausgehändigt. Ein Programm für den Verlauf des 8./9. November in München erhielt ich bestimmt nicht. Ob ich für die Unterkunft etwas bezahlen mußte, weiß ich heute nicht mehr. Vom Quartieramt begab ich mich unmittelbar in die Albanistraße. Nachdem ich in München keine Ortskenntnisse hatte, fuhr ich mit der Straßenbahn dorthin. Ein Straßenbahnschaffner hat mir auf Befragen die entsprechenden Auskünfte erteilt, um zu der angegebenen Wohnung zu gelangen. Nachdem ich in der bezeichneten Wohnung angelangt war, mußte ich feststellen, daß dort überhaupt keine Übernachtungsgelegenheit vorhanden war. Die Leute selbst haben sich dann meiner angenommen und haben mich einen Stock tiefer bei einer mir heute nicht mehr bekannten Familie einquartiert. Soviel ich weiß, mußte ich dort auf dem Sofa schlafen. Polizeilich habe ich mich dort nicht gemeldet. Den Leuten habe ich auf Befragen meinen richtigen Namen Georg Elser und meinen Wohnort Königsbronn angegeben. Diesen Leuten erklärte ich, daß ich mir lediglich München ansehen möchte. Weitere Fragen haben die Leute an mich nicht gestellt.

In der Albanistraße war ich gegen 20 Uhr angekommen. Etwa um 20 Uhr 15 begab ich mich von dort aus zu Fuß in den Bürgerbräukeller. Wenn ich mich nicht täusche, habe ich mich bei meinen Quartiergebern nach dem besten Weg dorthin erkundigt. Es kann auch möglich sein, daß ich während des Weges noch bei Straßenpassanten nach dem Bürgerbräukeller gefragt habe. Den Weg, den ich dorthin zurückgelegt habe, kann ich nicht mehr bezeichnen. Ich kann mich nur entsinnen, daß ich ein Stück der Isar entlang gegangen bin. Als ich in die Rosenheimer Straße kam, war dort die Fahrbahn gesperrt und auf dem Gehsteig hatte Publikum Aufstellung genommen. Ich nahm ebenfalls dort Aufstellung und wartete ab, ob man etwas Besonderes zu sehen bekomme. Den Bürgerbräukeller konnte ich von dort aus nicht sehen.

Ich stand am Rosenheimer Berg bei der Einmündung der Hochstraße. Dort stand ich bis gegen 22 Uhr 30, bis sich die Leute verlaufen hatten. Daraufhin begab ich mich weiterhin die Rosenheimer Straße stadtauswärts, um zum Bürgerbräukeller selbst zu gelangen. Die Absperrung war bei meinem Eintreffen am Bürgerbräukeller bereits aufgehoben. Der Eingang war noch erleuchtet. Vom Haupteingang aus begab ich mich durch den Garderobenraum unmittelbar zum Saal, wo noch einzelne Personen anwesend waren. Ich begab mich vom Saaleingang aus bis ungefähr in die Mitte des Saales, betrachtete diesen, stellte fest, wo das Rednerpult stand und welche Ausschmückungen vorhanden waren. Auf die Galerie selbst habe ich mich nicht begeben. Betrachtungen darüber, wie man in diesem Saal am besten ein Attentat zur Ausführung bringt, habe ich dort nicht angestellt.
Nachdem ich mir die Anlage des Saales angesehen hatte, habe ich mich von dort aus durch den Garderobenraum in das sog. Bräustübl des Bürgerbräukellers begeben, wo ich mich am ersten Tisch zur Einnahme des Abendessens niederließ. Es dürfte dies gegen 23 Uhr gewesen sein. Nach ungefähr einer Viertelstunde nahm an meinem Tisch ein mir unbekannter Mann Platz, der mich ansprach, nachdem ich von meinem Bier sehr wenig getrunken habe. An diesem Tisch haben sich noch sieben Personen befunden; ob diese bereits vor mir Platz genommen hatten, ist mir nicht mehr erinnerlich. Nachdem er auch an dem Dialekt merkte, daß ich Schwabe bin, stellte er sich mir als Schlachthausverwalter in Aalen/Württemberg vor. Ich nannte ihm gegenüber meinen richtigen Namen und meinen richtigen Wohnort. Eine weitere Unterhaltung hat mit diesem Mann nicht stattgefunden, soviel ich mich erinnere, hat er mir einen halben Liter Bier bezahlt. Dieser Mann war ungefähr 1,74 m groß und etwa 37–38 Jahre alt. Eine nähere Beschreibung kann ich nicht abgeben. Mit anderen Personen habe ich mich dort nicht unterhalten. Gegen 24 Uhr

habe ich nach Bezahlung meiner Zeche den Bürgerbräukeller verlassen und habe mich zu Fuß in mein Quartier begeben. Dabei habe ich den gleichen Weg zurückgelegt, auf dem ich zum Bürgerbräukeller gelangt bin. Gegen 0.30 Uhr war ich in der Albanistraße wieder angelangt. Ich begab mich sofort auf mein Zimmer und legte mich auf dem Sofa zum Schlafen nieder. Meine Quartierleute hatten sich bereits zur Ruhe begeben.

Am 9. 11. 1938 habe ich gegen 8 Uhr bei meinen Quartiersleuten das Frühstück eingenommen und mich dann zu Fuß auf dem mir bereits bekannten Weg wiederum zum Bürgerbräukeller begeben, wo ich mir die Aufstellung des Zuges vom 9. November 1923 ansah. Ich hatte gegenüber dem Eingang des Bürgerbräukellers auf dem Gehsteig unter dem Publikum Aufstellung genommen. Dort war ich etwa gegen 11 Uhr angelangt. Ich sah mir dort die Aufstellung des Zuges vom 9. November an und sah auch die Anfahrt des Führers. Nachdem sich der Zug in Marsch gesetzt hatte, ging auch ich in das Stadtinnere und besah mir dort die Stadt, ging anschließend zum Bahnhof, von wo aus ich mit der Bahn nach Königsbronn zurückfuhr. An Einzelheiten kann ich mich nicht mehr entsinnen, ich weiß nur, daß ich mir die Stadt angesehen habe. Die Zeit der Abfahrt ist mir ebenfalls nicht mehr bekannt. Ich weiß nur, daß ich noch am gleichen Abend nach Königsbronn zurückgelangt bin.

Die Quartierleute in München hatte ich nicht mehr aufgesucht. Für das Quartier habe ich freiwillig etwas bezahlt, ich glaube, es war 1.— RM. Beim Weggehen in der Frühe habe ich diesen erklärt, daß ich mir den Zug des 9. November ansehen und daß ich anschließend sofort wieder nach Hause fahren werde. Die Fahrt von Königsbronn nach München und von München nach Königsbronn kam mir ungefähr auf 11.— bis 12.— RM zu stehen. Genau kann ich dies nicht angeben; ob ich eine Sonntagskarte benutzt habe, ist mir nicht erinnerlich, auch weiß ich nicht, ob ich mit dem Schnellzug gefahren bin. Ich fuhr dritter Klasse. Die Fahrt hatte ich aus eigenen Mitteln bestritten. Welche Kleidung ich damals getragen habe, kann ich heute nicht mehr angeben. Ich habe die Fahrt nach München allein ausgeführt und bin auch allein nach Königsbronn zurückgefahren. Reisebekanntschaften habe ich nicht gemacht, auch in München habe ich keinen Bekannten getroffen, ich habe mich dort lediglich mit dem bereits bezeichneten Schlachthofverwalter aus Aalen einige Zeit unterhalten. Irgendwelche Verbindungen in München habe ich seinerzeit nicht angebahnt.

Was ich zu Hause und an meiner damaligen Arbeitsstelle über mein damaliges Fernbleiben erklärt habe, weiß ich heute nicht mehr. Vielleicht habe ich mich in der Fabrik krank gemeldet.

Soeben fällt mir noch ein, daß ich nach der Besichtigung des Saales des Bürgerbräukellers noch feststellen konnte, daß der Saal in keiner Weise bewacht wurde, daß keine Kontrolle vorhanden war und daß jedermann ohne weiteres zu diesem Saal Zutritt erlangen konnte.

Nach 2 oder 3 Tagen habe ich mir während der Freizeit überlegt, an welcher Stelle des Saales „etwas zu machen ist". *Auf Grund der Saalbesichtigung hielt ich diesen für einen Anschlag „auf die Führung" als geeignet. Ich kam damals zu dem festen Entschluß, das Attentat dort zur Ausführung zu bringen. Über die Art der Durchführung habe ich mir zu dieser Zeit noch keine Gedanken gemacht.*

In den folgenden Wochen hatte ich mir dann langsam im Kopf zurechtgelegt, daß es am besten sei, Sprengstoff in jene bestimmte Säule hinter dem Rednerpodium zu packen und diesen Sprengstoff durch irgendeine Vorrichtung zur richtigen Zeit zur Entzündung zu bringen. Wie dieser Entzündungsapparat aussehen müßte, darüber war ich mir damals noch nicht im klaren. Die Säule habe ich mir deshalb gewählt, weil die bei einer Explosion umherfliegenden Stücke die Leute am und um das Rednerpult treffen mußten. Außerdem dachte ich auch schon daran, daß vielleicht die Decke einstürzen könnte. Welche Personen allerdings um das Rednerpult bei der Veranstaltung sitzen, wußte ich nicht. Ich wußte aber, daß Hitler spricht und nahm an, daß in seiner nächsten Nähe die Führung sitze.

Bis dahin hatte ich mich weder theoretisch noch praktisch mit dem Bau irgendeines Apparates beschäftigt, mit dem man Sprengstoff zu einer bestimmten Zeit zur Entzündung bringen könnte. Deshalb hatte ich vorher auch noch nie irgendwelche Zeichnungen von einer solchen Entzündungseinrichtung oder einer Höllenmaschine angefertigt oder gar Vorbereitungen zum Bau von Modellen getroffen.

Nach meiner Rückkehr von meinem ersten Besuch in München (d. h. am 8./9. November 38, ungefähr 19 Jahre vorher war ich schon einmal zum Oktoberfest in München) setzte ich meine Arbeiten in der Armaturenfabrik wie früher fort. Während der Arbeitszeit beschäftigte ich mich nicht mit meinen besonderen Plänen. Dazu verwendete ich die Freizeit. *Ehe ich mir aber über die genaue Ausführung des Planes im klaren war, habe ich mir bereits dadurch einen Vorrat an Sprengstoff zugelegt,* daß ich meine Stelle in der Versandabteilung der genannten Firma dazu ausnutzte, nach und nach im Laufe mehrerer Monate insgesamt 250 Preßstückchen Pulver zu entwenden[21]. Ein solches Blättchen des gepreßten Pulvers war 9 mm stark und hatte einen Durchmesser von 19 mm. Der Diebstahl wurde im Betrieb nicht bemerkt. Ich hatte die einzelnen Stückchen immer aus den Kisten, die bei den Pulverpressen standen, unauffällig und rasch weggenommen.

Solange ich noch zu Hause wohnte, d. h. noch nicht nach Schnaitheim gezogen war, habe ich den sich ansammelnden Vorrat an Pulver in meinem Kleiderschrank in meiner Kammer aufbewahrt. Ich hatte das Pulver in ein Papier eingewickelt, unten in den Schrank hineingelegt und das Päckchen mit Wäsche zugedeckt. Von meinen Angehörigen hat nie jemand dieses Pulver entdeckt. Ich hatte mein Zimmer immer abgeschlossen.

Als ich mir die ungefähre Konstruktion des Apparates im Kopf und vielleicht auch schon auf einer Handskizze (das weiß ich nicht mehr genau, ob ich mir nicht erst später eine solche angefertigt habe) *zurechtgelegt hatte, stellte ich fest, daß es notwendig sei, die genauen Maße der Säule, in der ich den Apparat anbringen wollte, zu haben.* Ich fuhr deshalb noch einmal nach München und hielt mich dort vom 4.–12. April 1939 auf.

Am 4. April fuhr ich mit der Bahn (3. Klasse) von Königsbronn nach München ab. Die Zeit der Abfahrt und der Ankunft in München ist mir nicht mehr bekannt. Die ersten zwei Tage übernachtete ich in einer Wirtschaft, die gegenüber dem Kino am Isartorplatz liegt. Der Name dieser Wirtschaft und der Name der Wirtsleute ist mir nicht bekannt. Ich habe mich dort unter meinem richtigen Namen polizeilich angemeldet. Nachdem es mir dort in dieser Wirtschaft nicht gefallen hat — es war mir zu unsauber und zu unbehaglich — habe ich mich in einer Wirtschaft im Osten von München einquartiert. Auch diese Wirtschaft kann ich nicht näher bezeichnen. (Nach den Erklärungen des Elser kommt eine Wirtschaft in Bogenhausen oder Heidhausen[22] in Frage). Auch dort habe ich mich unter meinem richtigen Namen polizeilich angemeldet. In dieser Wirtschaft habe ich zwei- oder dreimal genächtigt. Nachdem am darauffolgenden Tage in dieser Wirtschaft sämtliche Zimmer belegt waren, begab ich mich von dort aus in eine Wirtschaft in der Nähe des Rosenheimer Platzes, die sich dort, vom Stadtinnern aus gesehen, rechts an der Rosenheimer Straße befindet. Ich bin nicht in der Lage, den Namen dieser Wirtschaft anzugeben.

Auch dort habe ich mich, wie überall, unter meinem richtigen Namen polizeilich gemeldet. Diese Wirtschaften wurden von mir selbst aufgesucht, ich wurde dorthin von niemandem verwiesen. Durchschnittlich habe ich in diesen Wirtschaften für das Übernachten 1.50 bis 2.00 Mark bezahlt.
Während dieses Aufenthaltes in München bin ich einmal, und zwar durch den Eingang vom Bräustübl her, durch den Garderobenraum hindurch in den Saal des Bürgerbräukellers gegangen. Dies war am 1. oder 2. Tage, also am 5. oder 6. 4. 1939.
Die Türen, die ich, um in den Saal zu gelangen, durchschreiten mußte, waren geöffnet, d. h. nicht verschlossen. Wie ich später beobachtet habe, war[en] sie überhaupt tagsüber immer geöffnet und wurde[n] nur nachts verschlossen. *Zu überlegen, wo ich meinen Sprengkörper später anbringen würde, brauchte ich mir nicht mehr. Ich war mir bereits darüber im klaren, daß ich dies oberhalb des Galerieabsatzes tun würde.* Ich begab mich deshalb damals sofort auf die Galerie, und zwar, soviel ich mich erinnern kann, auf dem kürzesten Wege über die Treppe links des Einganges. *Auf der Galerie habe ich dann die Maße der in Frage kommenden Säule mit einem mitgebrachten zusammenklappbaren Meterstab abgemessen und die Umrißmaße in meinem Notizbuch eingetragen,* d. h., ich habe eine kleine Handskizze in meinem Notizbuch gemacht und an dieser Skizze die Maße vermerkt. Ich glaube nicht, daß sich damals jemand außer mir in dem Saal befunden hat, wenigstens kann ich mich nicht entsinnen, jemand gesehen zu haben. Den Saal habe ich durch den Hauptausgang wieder verlassen. Insgesamt dürfte ich mich ungefähr 5 Minuten darin aufgehalten haben. Zu welcher Tageszeit dies war, weiß ich nicht mehr, es war aber bei Tag. Ob ich beim Verlassen des Bürgerbräukellers durch das Bräustüberl gegangen bin, oder mich gar noch darin aufgehalten habe oder den direkten Ausgang vom Garderobenraum zur Straße

benutzt habe, weiß ich auch nicht mehr. Unter „Bräustübl" verstehe ich den Wirtschaftsraum, der sich vom Haupteingang aus links befindet.
In diesem Wirtschaftsraum habe ich mich während meines ganzen Aufenthaltes täglich mindestens einmal aufgehalten und dort irgend etwas gegessen oder getrunken. Gleich am ersten oder zweiten Tage hat sich der Hausbursche des Bürgerbräukellers, dessen Name mir nicht mehr erinnerlich, zufällig an meinem Tisch niedergelassen, um eine Mahlzeit einzunehmen oder ein Bier zu trinken. Wir kamen so ins Gespräch und er erzählte mir u. a., daß er wahrscheinlich bald zum Militär einrücken müsse. Dabei kam mir der Gedanke, daß es für die Vorbereitung meiner beabsichtigten Tat sehr günstig wäre, wenn ich Hausbursche dort werden könnte. Ich fragte deshalb den Hausburschen, was er denn meine, ob ich denn seine Stelle nicht haben könnte. Er versprach mir, mal den Direktor zu fragen. Als ich in den folgenden Tagen immer wieder daran erinnern mußte, und er mir sagte, daß er zu fragen noch keine Gelegenheit gehabt habe, habe ich mich selbst an den Direktor gewandt. Der war sehr erstaunt, zu hören, daß sein Hausbursche einen Gestellungsbefehl habe und hat offenbar im Anschluß an meine Unterhaltung mit mir dem Hausburschen einen Krach gemacht, weil er ihm noch nichts gesagt hatte. Der Hausbursche erzählte mir dies danach und schimpfte mit mir, daß ich den Direktor gefragt hatte, ohne ihm etwas davon vorher zu sagen. Wieder später kam der Direktor an meinen Tisch, als ich wieder gerade mal im Bürgerbräukeller saß, und sagte mir, daß es wahrscheinlich mit meiner Anstellung nichts werde, weil er hoffe, daß sein Hausbursche zurückgestellt werde. Daraufhin habe ich mich noch einige Male mit dem Hausburschen über diese Frage unterhalten, ihn auch mehrmals zu einem Glas Bier eingeladen und ihm schließlich 20.– und später sogar schriftlich 50.– RM versprochen, wenn er mir die Stelle vermittele[23], für den Fall,

daß er doch zum Militär einrücken müßte. An welchen Tagen sich die einzelnen Unterhaltungen bezw. meine Versprechungen ihm gegenüber abspielten, weiß ich nicht mehr. Zweimal bin ich sogar mit dem Hausburschen außerhalb des Bürgerbräukellers in andere Wirtschaften gegangen, um ein Glas Bier zu trinken. Das erste Mal gingen wir auf seine Aufforderung in die Wirtschaft „Am Gasteig". Es begleitete uns zwei noch ein dritter junger Mann, den der Hausbursche mitbrachte und den ich vorher schon im „Bräustübl" gesehen hatte, der mir aber nicht näher bekannt war und an dessen Namen ich mich nicht mehr erinnern kann. Ich kann mir sogar im Augenblick nicht einmal mehr denken, wie er aussah. Das zweite Mal sind wir, wiederum auf Aufforderung des Hausburschen, in eine andere Wirtschaft gegangen, an deren Namen und genaue Lage ich mich nicht mehr erinnern kann. Auch dort haben wir Bier getrunken. Ich habe dem anderen ein oder zwei Glas Bier wieder bezahlt. Bei diesem Ausgang waren wir allein, ohne einen dritten.

Ehe ich München verließ, habe ich mit dem Hausburschen ausgemacht, daß er mir schreiben solle, wenn er einrücken müsse. Ich wollte dann nach München kommen, und, wenn ich die Stelle bekommen hätte, würde der Hausbursche von mir 50 Mark erhalten haben. Hierzu verpflichtete ich mich, wie schon gesagt, schriftlich. Der Hausbursche hat mich wohl gefragt, warum mir die Stelle so wichtig sei. Ich habe ihm gesagt, daß dies die einzige Möglichkeit sei, nach München zu kommen, wo ich gern immer sein wolle. Er glaubte mir dies offenbar. Jedenfalls fragte er nicht weiter, denn ihm schien das Geld wichtiger zu sein als meine Gründe. Wie ich gesehen hatte, trank er gern.

Die Angelegenheit mit dem Hausburschen, d. h. die Möglichkeit, im Bürgerbräukeller angestellt zu werden, war der einzige Grund, weswegen ich solange in München blieb. Wenn das nicht gewesen wäre, wäre ich schon viel früher,

wahrscheinlich am zweiten oder dritten Tag wieder auch Hause gefahren. Ich weiß dies zwar nicht mehr ganz genau. Es könnte auch sein, daß ich, je nachdem Ostern fiel, vielleicht über die Festtage trotzdem noch in München geblieben wäre, aber nicht länger.
Die dem Hausburschen versprochenen 50 RM hätte ich ihm von meinen Ersparnissen, die damals schon viel mehr, nämlich ungefähr 70 RM betrugen und später durch Verkauf von Holz aus meiner Werkstatt, Baßgeige und anderen Dingen bis zum August 1939 auf ungefähr 350—400 RM gestiegen waren, gut bezahlen können.
Die mir in München reichlich zur Verfügung stehende Zeit, d. h. soweit ich nicht im „Bürgerbräukeller", Saal und Bräustübl war, habe ich damit zugebracht, mir die Stadt anzusehen. Meine Spaziergänge habe ich immer zu Fuß gemacht. Irgendwelche Bekanntschaften, auch nur Wirtstischbekanntschaften, habe ich außer dem Hausburschen und dem einmaligen Begleiter, den ich nicht mehr kenne, nicht gemacht. Halt, eben fällt mir ein, daß ich mich im Bürgerbräukeller auch mit drei Servierfräulein unterhalten habe und sogar von ihnen im Garten des Bürgerbräukellers auf ihre Bitte eine Photographie (Gruppenbild) gemacht habe. Sie hatten gesehen, daß ich einen Photoapparat bei mir hatte. Dieser Photoapparat war mein Eigentum, die Marke kenne ich nicht, ich hatte ihn von Maria S. zu Weihnachten 1938 als Geschenk erhalten.
Wenn ich gefragt werde, zu welchem Zweck ich den Apparat mit nach München genommen habe und ob ich auch im Bürgerbräukeller photographiert habe, *so muß ich sagen, daß ich den Apparat mitnahm, um vom Saal bezw. der bewußten Säule eine Aufnahme machen zu können.* Tatsächlich habe ich auch, aber nicht bei dem erwähnten ersten Besuch, einige Aufnahmen im Saalinnern gemacht. *Eine Aufnahme habe ich von der Säule, die ich später sprengte, von der gegenüber-*

liegenden Galerieseite aus gemacht. Ich muß also zugeben, daß ich noch ein zweites Mal während dieses Osteraufenthaltes in den Saal gegangen bin. An welchem der 8 Tage dieser zweite Besuch des Saales war, weiß ich heute nicht mehr. Die Saaltür war auch diesmal auf und im Saal war außer mir niemand anwesend. Ich konnte auf dieselbe Weise wie das erste Mal aus- und eingehen. Soviel ich mich erinnere, sind diese Aufnahmen nicht sehr viel geworden. Sie waren zu dunkel. Diese Aufnahmen habe ich, ebenso wie alle anderen, die ich machte, bei meinem Photographen in Heidenheim entwickeln und abziehen lassen. Dem Photographen war nicht bekannt, wo diese Aufnahmen gemacht worden waren. An den Namen des Photographen kann ich mich nicht mehr genau erinnern. Es mag sein, daß er S. heißt.

Während meines Aufenthaltes in München habe ich dort keine weiteren Säle, Räumlichkeiten u. dgl. aufgesucht, wo sich unter Umständen Gelegenheit geboten hätte, meinen Plan in die Tat umzusetzen.

Außer dem Photoapparat, dem Meterstab und dem Notizbuch habe ich keinerlei Geräte oder Gegenstände mit nach München genommen, die irgendwie der Vorbereitung meines Planes dienlich waren. Auch persönliches Gepäck hatte ich nicht. Ich trug den Anzug und die Wäsche, die ich auf dem Leibe hatte. Den Anzug, den ich seinerzeit getragen habe, kann ich heute nicht mehr bezeichnen.

Im Laufe des 12. April 1939 fuhr ich mit dem Zug (ob D- oder P-Zug weiß ich nicht mehr) 3. Klasse nach Königsbronn zurück. Die Abfahrts- oder ungefähre Ankunftszeit weiß ich nicht mehr.

Den Photoapparat hatte ich bis vor kurzem behalten. Ich habe ihn mit all meinen anderen Sachen erst am 6. 11. 1939 meiner Schwester in Stuttgart überlassen.

Die Reise nach München fiel insofern nicht weiter auf, als ich bereits im März 1939 meine Stelle in der Armaturenfabrik

Heidenheim gekündigt und verlassen hatte. Der Grund dieser Kündigung lag in einem Streit, den ich mit einem Meister hatte. Es war dies der Meister der Lehrlingsabteilung namens K., der mir verschiedentlich Grobheiten gesagt hatte, die ich mir nicht gefallen ließ, weil ich ihm nicht unterstellt war. Ich sollte ein Paket, das für ihn in der Versandabteilung angekommen war, vordringlich öffnen, was meines Erachtens nicht notwendig war.

Es war nicht so, daß ich etwa diese Firma nur deswegen verlassen habe, weil ich befürchtete, dort nicht genügend Sprengstoff stehlen zu können. Die Kündigung wurde von dem Betriebsleiter K. nicht angenommen. K. wurde um diese Zeit krank und ich wandte mich daraufhin an den Stellvertreter B., der mir nach wiederholten Vorsprachen nach einigen Tagen meine Papiere ausgehändigt hat.

Während meiner Münchener Reise stand ich also in keinem Arbeitsverhältnis. Zu Hause hatte ich nicht gesagt, daß ich verreise. Ich hielt dies nicht für notwendig, da ich mit meinen Eltern und meinem inzwischen verheirateten Bruder L. nicht gut war. Ich wohnte zwar noch bis Mai 1939 im elterlichen Haus, trotzdem ich nach dem Willen meiner Mutter und meines Bruders hätte schon im Dezember 1938 ausziehen sollen[24]. L. und seine Frau wollten den Raum, den ich bewohnte, meiner Mutter zukommen lassen, damit sie den ganzen unteren Stock für sich allein hätten. Mein Vater war der einzige, der auf meiner Seite stand und mir die Kammer belassen wollte. Im Mai 1939 bin ich dann nach Schnaitheim zur Familie S. gezogen[25]. In meinem elterlichen Hause habe ich nichts mehr gelassen. Ich habe alles, einschließlich meiner Werkstatteinrichtung, nach Schnaitheim geschafft. Eine neue provisorische Werkstatt habe ich mir wiederum in einem Souterrainraum im Hause S. eingerichtet. Meine Schlafkammer befand sich dort allerdings in dem der Frau Sch. geb. S. gehörenden Teil des Doppelhauses, in dem Familie S. wohnte[26].

Einige Tage nach Rückkehr aus München, also Mitte oder vielleicht auch gegen Ende April 1939, trat ich eine neue Arbeitsstelle an. Dies war im Steinbruch des Georg V. in Königsbronn. Von März, d. h. von meinem Austritt aus dem Armaturenwerk bis zum Antritt meiner neuen Arbeitsstelle beim Steinbruch, habe ich aus Ersparnissen meines Verdienstes gelebt. Zu Vollmer wurde ich von niemandem verwiesen. Auch wurde ich darauf von niemandem aufmerksam gemacht. Der Steinbruch und die Arbeiten in dem Steinbruch waren mir durch meinen Aufenthalt in Königsbronn bekannt. Es war mir auch bekannt, daß dort Sprengarbeiten vorgenommen werden. *Der Hauptgrund, warum ich mich dort um Arbeit bewarb, war der, daß ich mir dort Pulver für den geplanten Anschlag beschaffen konnte.* Ich habe damals bei dem dort beschäftigten Vorarbeiter K. um Arbeit vorgesprochen, der mich darauf ohne weiteres auch als Hilfsarbeiter eingestellt hat. Was ich dem Vorarbeiter K. seinerzeit erklärt habe, weiß ich heute nicht mehr. K. war mir ebenfalls durch meinen Königsbronner Aufenthalt persönlich bekannt. K. kannte mich auch aus dem gleichen Grunde. In dem Steinbruch hatte ich als Hilfsarbeiter in Rollwagen Steine zu verladen. In dem Steinbruch waren etwa 12—14 Mann beschäftigt. Die Leitung hatte der Vorarbeiter K., der auch die Sprengarbeiten geleitet hat. Ferner war noch ein Schlosser da, dessen Name mir nicht bekannt ist und der die anfallenden Werkzeugreparaturen vorzunehmen hatte. Die übrigen dort beschäftigten Arbeiter waren Hilfsarbeiter. Hiervon kann ich nur einige namentlich benennen. Es sind dies: M., wohnhaft in Weiler, W., wohnhaft in Weiler, F., wohnhaft in Weiler, R., wohnhaft in Weiler, M., wohnhaft in Ochsenberg.
Ferner war hier und da noch der Sohn des Steinbruchbesitzers anwesend, der während der Dauer seiner Anwesenheit die Arbeiten im Steinbruch beaufsichtigt hat. Dieser war durchschnittlich täglich 6 bis 7 Stunden im Steinbruch. In diesem

Steinbruch wurde an Werktagen täglich von 7—12 Uhr und 13—18 Uhr gearbeitet. In der Stunde verdiente ich dort während der Dauer meiner Beschäftigung 0.70 RM.
Die Sprengarbeiten in diesem Steinbruch wurden, wie bereits erwähnt, von dem Vorarbeiter K. geleitet. Das zu den Sprengungen benötigte Pulver war in einem Betonhäuschen, das sich in der Nähe des Steinbruches befand, verwahrt. Erst durch meine Beschäftigung im Steinbruch wurde ich darauf aufmerksam. Vorher war mir dies nicht bekannt. Das Häuschen war ungefähr im Innern 1,50 Meter lang und 1 Meter breit. Das Betonhäuschen konnte mit einer Eisenblechtüre abgeschlossen werden, diese war mit einem gewöhnlichen Türschloß versehen. Im Innern des Häuschens befand sich noch eine Gattertüre. Ob dort eine Vorrichtung zum Absperren vorhanden war, ist mir nicht bekannt[27]. In diesem Häuschen hat K. den gelieferten Sprengstoff verwahrt und aus diesem Häuschen hat er stets auch den zu den Sprengungen notwendigen Sprengstoff geholt. Durchschnittlich wurde am Tage zwei- bis dreimal gesprengt. Es gab aber auch Tage, an denen keine Sprengungen vorgenommen wurden. Ob K. auch Buch geführt hat über den gelieferten und den verwendeten Sprengstoff, ist mir nicht bekannt[28].
Von meinem Arbeitsplatz aus konnte ich häufig beobachten, wann und wie K. Sprengstoff geholt hat.
Bereits in der ersten Woche ging ich daran, mir Sprengstoff widerrechtlich anzueignen. Das erste Mal geschah dies, als in der Nähe meines Arbeitsplatzes Sprengungen vorgenommen wurden. Häufig war es so, daß K. mehr Sprengstoff aus dem Betonhäuschen geholt hatte, als zu den Sprengungen erforderlich war. Wieviel Sprengstoff zu den Sprengungen erforderlich war, konnte immer erst an Ort und Stelle festgestellt werden. Den zuviel geholten Sprengstoff hat er an den Stellen, die sich etwas entfernt von den zu sprengenden Stücken befanden, hinterlegt. Es handelte sich oftmals um

5 oder 8 oder 2 Sprengpatronen, die unbeaufsichtigt dort gelegen waren. Wenn dies von mir beobachtet war, habe ich mich eigens dorthin begeben und mir stets eine Patrone angeeignet, die ich mir in die Tasche gesteckt hatte. Vorher hatte ich mich stets davon vergewissert, daß mich niemand dabei beobachtet hat. Dies habe ich ungefähr achtmal gemacht. Es war dies stets während der Arbeitszeit. Aufgefallen ist offenbar dieser Diebstahl nie, denn K. hat nie etwas gefunden oder erwähnt.

In den letzteren Wochen meiner Beschäftigung im Steinbruch ging ich auch daran, zur Nachtzeit aus dem bereits erwähnten Betonhäuschen Sprengpatronen zu entwenden. Besondere Vorsicht habe ich dabei nicht walten lassen, denn der Steinbruch und das Betonhäuschen befanden sich außerhalb der Ortschaft. Ich führte damals Schlüssel bei mir, die aus dem elterlichen Anwesen in Königsbronn stammten und die ich bei meinem Wegzug mit dem Werkzeug mit nach Schnaitheim genommen hatte. Mit diesen Schlüsseln versuchte ich, das Betonhäuschen zu öffnen. Es handelte sich um 3 Schlüssel, von denen einer das Schloß aufgesperrt hat. Es ging dies allerdings sehr schwer. Nachdem ich die Türe zu dem Häuschen geöffnet hatte, begab ich mich in das Innere, wo ich die erwähnte Gattertüre, die nicht verschlossen war, öffnete. Ich schaltete die von mir mitgebrachte Taschenlampe ein und stellte fest, daß sich in dem Häuschen zwei Holzkisten befanden, etwa 80 cm lang und 25–30 cm breit und ungefähr 35 cm hoch. Beide Kisten waren geöffnet, die Deckel lagen neben den Kisten. Beide Kisten waren angebrochen und noch bis zur Hälfte mit Sprengpatronen gefüllt. Die Patronen in der einen Kiste hatten den Aufdruck „Donarit", ferner war eine Zahl aufgedruckt, die mir nicht in Erinnerung ist, vermutlich war es die Zahl I. Die Patronen in der anderen Kiste hatten den Aufdruck „Gelantine", bestimmt kann ich dies jedoch nicht angeben. Die Patronen waren nochmals in Kartons verpackt mit je 20 bis 25 Stück und so in die Kisten eingelegt. An diesem Tage, an dem ich zum ersten Mal in diesem Häuschen war, nahm ich ein derartiges Paket mit ungefähr 20 Patronen an mich. Ob es sich um „Donarit" oder „Gelantine-Patronen" handelte, weiß ich nicht mehr. Anschließend habe ich das Häuschen verlassen, die Türe habe ich mit dem gleichen Schlüssel zugesperrt und mich mit den Patronen nach Hause begeben.

Vernehmung wird abgebrochen um 23.20 Uhr.

gez. KK. K.   gez. KK. Sch.   gez. KK. S.

Fortsetzung der Vernehmung des Elser am 22.11.1939 um 9.10 Uhr.

In der Folgezeit habe ich noch vier- bis fünfmal dies Betonhäuschen ebenfalls zur Nachtzeit, es war dies immer von 22—1 Uhr, auf die gleiche Weise betreten und daraus 105 Sprengpatronen und bei meinem letzten dortigen Besuch 125 Sprengkapseln entwendet. Bei den einzelnen Besuchen hatte ich durchschnittlich immer 20—25 Patronen an mich genommen. Die Sprengkapseln waren in dem Betonhäuschen in Blechschachteln auf einem an der Wand angebrachten Brett aufbewahrt. Dies habe ich bereits bei meinen ersten Besuchen im Häuschen festgestellt. Einen besonderen Grund dafür, warum ich die Sprengkapseln erst bei meinem letzten Besuch entwendet habe, kann ich nicht angeben. Die Möglichkeit, mir nach und nach bei diesen Besuchen stets eine Anzahl Sprengkapseln anzueignen, wäre ohne weiteres vorhanden gewesen. Es war eine gefüllte Dose und eine angebrochene Dose mit Sprengkapseln, die ich damals an mich genommen hatte.

Es ist richtig, daß ich wußte, daß zwei oder drei Sprengkapseln für meine Zwecke auch genügt hätten. Ich dachte aber, die überzähligen werden die Sprengwirkung erhöhen.
Die Sprengpatronen und Sprengkapseln habe ich in dem stets von mir mitgeführten Rucksack nach Hause getragen und dort in einem Holzkoffer verwahrt, und zwar unter einem Doppelboden. Diesen Koffer hatte ich bereits während meiner Arbeit bei dem Schreinermeister S. in Königsbronn zu Hause angefertigt. Ob meine Lehrzeit damals schon beendet war, kann ich nicht angeben. In diesem Koffer habe ich um die Osterzeit 1939 — es kann dies vor oder nach dem Münchener Besuch gewesen sein — in Königsbronn zwei Geheimfächer angebracht, um den von mir gestohlenen Sprengstoff entsprechend verwahren zu können. Diese Geheimfächer waren unter einem Holzeinsatz des Koffers angebracht und konnten von einem Nichteingeweihten nicht wahrgenommen werden. Den Doppelboden habe ich erst im Juni oder Juli 1939 in Schnaitheim angebracht, um ebenfalls dort die Patronen und Kapseln entsprechend verstauen zu können. Der Koffer war in meinem Zimmer in Schnaitheim neben meinem Bett aufgestellt. Auch in der elterlichen Wohnung ist dieser Koffer neben meinem Bett gestanden. Den Koffer hatte ich stets versperrt, den Schlüssel führte ich stets bei mir. Es ist richtig, daß ich einmal von Maria S. bei der Anbringung des Doppelbodens beobachtet wurde[29]. Es kann auch sein, daß es in meinem Zimmer war. Dort habe ich gelegentlich auch an dem Koffer gearbeitet. Ich hatte zwar versucht, diese Arbeit so auszuführen, daß es niemand merke, aber es ließ sich doch nicht ganz vermeiden. Es mag sein, daß es [sic] auch die Schwester der Maria S., die Frau Sch., von der Anfertigung dieses Doppelbodens Kenntnis hatte. Auf die Frage nach dem Zweck, habe ich geantwortet, daß ich darin Geld und meine Zeichnungen über „meine Erfindung" und sonstige wichtige Dinge [habe] aufbewahren wollen. Dies glaubten sie mir, da

ich ihnen ja schon einige Zeit vorher gesagt hatte, daß ich an einer Erfindung arbeiten würde. Die Anfertigung der Geheimfächer, die ich in Königsbronn in meiner Werkstatt vorgenommen hatte, wurde von niemanden wahrgenommen.
Mir ist nichts bekannt, daß die Diebstähle von Sprengstoff und Kapseln aus dem Betonhäuschen beim Steinbruch in Königsbronn irgendwie aufgefallen sind. Wenigstens habe ich nie etwas hiervon gehört. Die Sprengpatronen hatten teilweise den Aufdruck „Donarit" und „Gelantine". Die genaue Verhältniszahl kann ich nicht angeben. Um das Häuschen leichter öffnen zu können, habe ich nach dem erstmaligen Öffnen dieses Häuschens den Schlüssel, der das Schloß der Eisenblechtüre sperrte, etwas zugefeilt.
Mit Sprengarbeiten selbst war ich im Steinbruch nicht beschäftigt. Die Bohrarbeiten hat der Vorarbeiter mit einem oder zwei Gehilfen ausgeführt. Der Vorarbeiter hieß K. Die Namen seiner Gehilfen weiß ich nicht mehr, derselbe K. war auch Sprengmeister oder wie man so sagte. Jedenfalls war er für den Sprengstoff verantwortlich und hat die Sprengungen ausgeführt. Wie die Anlieferung des Sprengstoffes geschah, weiß ich nicht. Ich konnte das nicht beobachten. Während meiner Tätigkeit, Steine aufladen, konnte ich beobachten, wie die Sprengungen vorbereitet wurden. Ich habe gesehen, wie je nach der Größe des abzusprengenden Steins ungefähr 1 bis mehrere Meter tiefe Bohrlöcher in den Fels getrieben wurden. Ich habe auch gesehen, wie die Sprengstoffpatronen in das Bohrloch gestopft wurden, wie die Sprengkapseln an der Zündschnur befestigt wurden und wie die Sprengung vor sich ging.
Obwohl ich später zu meiner Tat keine Zündschnur brauchte, hat das, was ich im Steinbruch gesehen habe, mich doch etwas beeinflußt.
Am 16. oder 18. Mai 1939 verunglückte ich bei der Arbeit im Steinbruch dadurch, daß ein von einem anderen Arbeiter

ohne Warnung losgelöster Stein mir auf den linken Fuß fiel[30]. Ich trug einen Knochenbruch davon. Ins Krankenhaus mußte ich mich nicht begeben. Ich stand in ambulanter Behandlung, bei Dr. F. in Heidenheim. Ich erhielt einen Gipsverband, der von unten bis eine Handbreit über den Knöchel reichte. Zu Hause, d. h. bei S., lag ich meistens auf dem Sofa[31]. Zu Dr. F. nach Heidenheim fuhr ich mit dem Fahrrad, mit einem Fuß tretend. *Im wesentlichen habe ich diese Zeit zu Modellversuchen für meinen Apparat verwendet.* Am 22. Juli bin ich wieder gesund geschrieben worden, bin aber nicht mehr in den Steinbruch gegangen, *d. h. ich habe von da ab nur noch der Vorbereitung für meinen Anschlag gelebt. Der bis dahin gestohlene Sprengstoff schien mir vollkommen auszureichen.* Ich glaube, noch während meines Krankseins hatte ich schon im Steinbruch, d. h. bei der Firma V. meine Papiere geholt.
Es gab auch noch andere Steinbrüche in der Gegend, z. B. einen in Schnaitheim. Ich hatte keinen besonderen Grund, gerade den Steinbruch in Königsbronn als Arbeitsstelle auszuwählen. Er lag mir, als ich die Arbeit aufnahm, am nächsten, da ich ja damals noch bei meinen Eltern in Königsbronn wohnte. Es ist nicht so, daß ich etwas gewußt hätte, daß gerade der Vorarbeiter dieses Steinbruchs besonders wenig auf seinen Sprengstoff und seine Sprengkapseln achtet. Auch hatte ich keinen besonderen Freund in diesem Steinbruch oder bei der Firma V.
Während der Tätigkeit im Steinbruch und auch schon etwas vorher waren meine Vorbereitungen für den Anschlag auch sonst weiter gediehen. *Nachdem ich mir durch meine Osterreise nach München die Maße der Säule verschafft hatte, konnte ich mir zuerst rein zeichnerisch über die Konstruktion meines Apparates klar werden. Stundenlang bin ich an einzelnen Tagen über Skizzen, die ich immer selbst fertigte, gesessen und habe mir die Möglichkeit einer Sprengwirkung überlegt, d. h. wie der Apparat aussehen könnte.*

Schon vorher wußte ich natürlich, daß man mit Pulver sprengen könne. Im Steinbruch hatte ich dies genau gesehen und hatte auch beobachtet, daß man den Sprengstoff möglichst tief anbringen mußte. Außerdem hatte ich gesehen, daß man zur Entzündung des Sprengstoffes Sprengkapseln gebraucht. *Da ich bei meinem Anschlag keine Zündschnur verwenden konnte, weil ich ja nicht nebenhin stehen konnte, um diese anzuzünden, mußte ich eine andere Möglichkeit finden,* die Sprengkapseln zur Entzündung zu bringen. Obwohl ich ein Gewehr innen noch nie gesehen hatte (auch im RFB.[32] in Konstanz hatte ich keinerlei Schußwaffen zu Gesicht bekommen), konnte ich mir doch vorstellen, daß beim Abschuß eines Gewehres eine Feder entspannt und ein Schlag gegen den Patronenboden bewirkt werde. *Mein nächster Gedanke war also, mit Hilfe von Gewehrmunition, die Zündung der Sprengkapseln zu bewirken.* Ich ging deshalb mal wieder mit dem Fahrrad von S. (mein eigenes hatte ich ja inzwischen längst verkauft) nach Heidenheim in ein Geschäft, in dem Fahrräder repariert und verkauft, Nähmaschinen, Gewehre, Fahrradzubehörteile und Munition verkauft werden. Der Name des Inhabers dieses Geschäfts ist mir nicht bekannt. Ich kann auch die genaue Anschrift nicht angeben, bin aber in der Lage zu beschreiben, wo sich das Geschäft befindet. Es liegt in einer Querstraße der Adolf Hitlerstraße, ganz nahe beim Eckhaus des Drehermeisters P. In diesem Laden verlangte ich einfach Gewehrmunition. Der Mann, der mich bediente, vermutlich der Inhaber (ca. 45 Jahre alt, klein, untersetzt), fragte mich nach dem Kaliber. Ich ließ mir daraufhin sagen, was er denn alles habe. Er nannte einige Kaliber von 6 mm bis 9 mm. Daraufhin ließ ich mir, weil mir die größten am besten erschienen, eine volle Blechschachtel mit 25 oder 50 Stück 9 mm Patronen geben. Welchen Preis ich bezahlt habe, weiß ich nicht mehr. Der Verkäufer fragte mich weder nach einem Jagd- noch nach einem Waffenschein, noch zu welchem Zweck ich

die Munition haben wollte. Die Patronen, die er mir gab, hatten eine ungefähr 1 cm lange Hülse, auf die eine Bleikugel (vollkommen rund) aufgesetzt war. Dieser Kauf der Munition fiel in den Monat Juni oder Juli. Genauer kann ich diesen Zeitpunkt nicht mehr angeben.
Durch einen praktischen Versuch, in einem etwas abgelegenen Obstgarten in Köngsbronn, der meinen Eltern gehört, stellte ich fest, daß ich mit Hilfe der gekauften Patronen eine Sprengkapsel zur Entzündung bringen konnte[33]. Zu diesem Versuch fertigte ich mir ein Modell an, das ich aufzeichnen kann.

Vermerk: Das Modell, das E. skizzierte, wird kurz beschrieben: Auf einem Brett sind zwei Holzklötzchen fest aufmontiert. Beide Klötzchen sind in derselben Richtung waagrecht durchbohrt. In diesen Bohrungen sitzt ein zylindrischer Holzstab fest, auf den eine Spiralfeder aufgeschoben ist. Diese Spiralfeder schlägt auf einer Seite an einem festen Holzklötzchen an. Auf der anderen Seite liegt sie an einem dritten Holzklötzchen, das in einer Bohrung lose über den Holzstab geschoben ist und zwischen den beiden festen Holzklötzchen bewegt werden kann. Mit diesem dritten Holzklötzchen, das auf einer Seite mit einem Nagel versehen ist, kann die Feder gespannt werden. Gegenüber von diesem Nagel befindet sich an einem der festen Klötzchen eine weitere kleinere Bohrung, in die die Patronenhülse der Gewehrmunition und in dieselbe hineinragend eine Sprengkapsel geschoben werden kann. Das Brett wurde in dem Garten an einem Holzblock fest montiert, das bewegliche Klötzchen mit einer Schnur von Elser aus größerer Entfernung zurückgezogen und damit die Feder gespannt. Beim

Loslassen der Schnur schnellte das auf dem Holzstab bleibende Klötzchen vor. Der an ihm befestigte Nagel schlug in der Art eines Gewehrschlagbolzens auf den Patronenboden und brachte Zündhütchen und Blattpulverladung der Patrone zur Entzündung und entzündete gleichzeitig die Sprengkapsel. Die Bleikugel aus der Patrone hatte E. vorher entfernt, die weiße in Blattform gepreßte Pulverladung aber darin gelassen.

Elser gibt weiter an:
Nachdem es geknallt hatte, habe ich festgestellt, daß das eine Holzklötzchen, in das ich Patronenhülse und Sprengkapsel zusammengeschoben hatte, auseinandergerissen worden war. Damit hatte ich den Nachweis, daß auf diese Weise eine Sprengkapsel auch ohne Zündschnur zur Entzündung gebracht werden konnte. Dieser Versuch dürfte im Juli stattgefunden haben. Das Modell, das ganz bestimmt das erste Modell war, das ich überhaupt zu irgendeiner Art von Höllenmaschine oder Sprengladung anfertigte, habe ich mir in meiner provisorischen Werkstatt im Hause S. zu Schnaitheim gebaut. Es kam vor, daß gelegentlich jemand die Werkstatt betreten hat. In diesem Fall habe ich mein Arbeitsstück, das Modell, jeweils rasch unter die Bank geschoben und mich mit irgend etwas anderem beschäftigt.
Ich habe vergessen zu erwähnen, daß ich den oben beschriebenen Versuch im elterlichen Garten sofort anschließend noch zwei- oder dreimal wiederholt habe. Ich hatte mir Holz und Bohrer, Hammer und Nägel schon von zu Hause mitgenommen. Da das eine kleine Hölzchen beim ersten Versuch zerrissen wurde, habe ich für die folgenden Versuche immer gleich wieder ein neues, von mir an Ort und Stelle gebohrtes Klötzchen aufgesetzt. *Erst, als der Versuch drei- oder viermal hintereinander gelungen war, gab ich mich zufrieden. Das*

einmalige Explodieren der Sprengkapsel hätte mir als Beweis dafür, daß sie mit Hilfe einer Patrone zur Entzündung gebracht werden kann, nicht genügt[34].
Nach diesen Versuchen war mir also die Art der möglichen Entzündung klar geworden. *Das Modell, das ich bereits beschrieben habe, war nicht nur das erste, sondern auch das einzige Modell, das ich für die Vorbereitung meines Anschlages bezw. für den Bau meines Apparates benötigt und angefertigt habe.* Alles übrige, besonders die Schwierigkeiten, die mir bei der weiteren Überlegung bezüglich der genauen Konstruktion auftauchten, *habe ich zeichnerisch gelöst.*
Wie bereits erwähnt, arbeitete ich im Hause S. stundenlang an diesen Plänen. *Ich fertigte sehr viele Skizzen an, auf denen meistens aber nur irgendwelche Einzelheiten von mir zeichnerisch auf die Möglichkeit ihrer praktischen Wirksamkeit geprüft worden war[en].* Diese Skizzen fertigte ich teils in der Küche, teils in meiner Kammer, teils in meiner Werkstatt in Schnaitheim. Natürlich wurde ich dabei, besonders von Familienangehörigen des Hauses S., öfter beobachtet, und auch gefragt, an was ich arbeite, was das geben solle. Ich erklärte ihnen immer, daß das „eine Erfindung" gäbe. Ich glaube nicht, daß sie dann nähere Einzelheiten wissen wollten. Jedenfalls habe ich ihnen keine solchen gesagt. Ob ich irgendwiemal eine Ausrede benutzt habe, weiß ich nicht[35].
Es mag sein, daß ich schon vor dem Mai 1939, als ich noch bei meinen Eltern wohnte, auch dort schon Skizzen dieser Art angefertigt habe, d. h. es ist nicht ausgeschlossen.
Einen Teil der von mir gefertigten Skizzen habe ich immer gleich wieder, entweder weil sie überflüssig geworden oder überholt waren, weggeworfen. Das meiste dürfte mit Holzspänen verbrannt worden sein. Es mag sein, daß im Hause S. noch einzelne solcher Skizzen, die ich gefertigt habe, zu finden sind, d. h. ebensolche, die ich nicht mit nach München genommen habe. Dies war dann ein Versehen von mir.

Vermerk: Die bei der Durchsuchung in der Wohnung S. gefundenen 3 Handskizzen werden dem E. vorgezeigt. Er erkennt sie als von seiner Hand gefertigt an.

Das oben erwähnte Holzmodell für die Schießversuche habe ich nicht besonders vernichtet. Durch das Schießen hatten sich die Teile schon teilweise voneinander gelöst. In diesem halbdemolierten Zustand habe ich das Ganze dann zu den Hobelspänen geworfen.
Ob diese inzwischen verbrannt worden sind, weiß ich nicht. Wenn nein, so muß es dort heute noch zu finden sein[36]. Die dabei verwendete Spiralfeder habe ich nicht weggeworfen, sondern mit nach München genommen. Bei der Tatausführung habe ich sie jedoch nicht benutzt. Sie muß sich heute noch bei meinem Werkzeug befinden. Diese Feder stammte aus einer von mehreren Kisten mit Alteisen, die dem S. gehörend, in meiner Werkstatt in Schnaitheim standen. Dort hatte ich damals die Feder, schon stark verrostet, gefunden.
Das schwierigste Problem beim Bau bezw. der zeichnerischen Konstruktion meines Apparates war, die Zündung zu einer voraus zu bestimmenden Zeit auszulösen. Es war mir von Anfang an klar, daß ich dazu ein Uhrwerk benützen würde.
Ich habe immer einige Werke für Tischuhren mit Gongschlag zu Hause gehabt. Ich habe nämlich seit Jahren solche Uhrwerke von der Firma B. Ri. in Villingen/Schwarzwald bezogen. Zu den Uhrwerken habe ich dann in meiner Freizeit schon immer Uhrengehäuse in allen möglichen Formen selbst gefertigt, gebeizt, mattiert oder poliert, die Uhrwerke eingebaut und die fertigen Tischuhren dann an Bekannte verkauft oder auch verschenkt. Ich erinnere mich auch, daß ich noch von einer anderen Firma, die mir aber im Augenblick nicht einfällt, für diesen Zweck Uhrwerke bezogen habe. Vielleicht etwa 4 solcher Uhrwerke habe ich damals beim Ausscheiden

aus der Firma R. in Meersburg im Frühjahr 1932 dort mitgenommen[37]. Als R. nämlich in Rückstand mit seinen Lohnzahlungen kam, habe ich mir von ihm wenigstens statt Bargeld irgendwelches Material ausgebeten. Er hat mir dann die 4 oder 5 Uhrwerke gegeben. Außerdem erhielt ich noch ein halbfertiges Standuhrengehäuse sowie noch einige andere Werkzeuge, die aber zu meiner späteren Tat in keinerlei Beziehungen stehen. Ich hatte damals an die Fa. R. noch Lohnansprüche in Höhe von 176.— RM. Außerhalb des Konkursverfahrens hat mir R. diese Dinge in einem Vergleich übereignet.

Die Art der Übertragung der Uhrbewegung auf meinen Zündmechanismus hatte ich mir ursprünglich anders gedacht, als ich ihn schließlich in der Tat ausführte. Ursprünglich, d. h. ehe ich zur Tatausführung nach München fuhr, wollte ich die Bewegung der Uhr mit Hilfe eines Autowinker-Mechanismus und einer Batterie mit der Zündvorrichtung so koppeln, daß zur bestimmten Zeit der Anschlag magnetisch ausgehoben und so der Eisenklotz mit den Zündstiften durch die Federspannung vorschnellen kann. Ich habe deshalb eine Batterie und 3 Autowinker, von denen ich nur einen gebraucht hätte, damals mit nach München genommen[38]. Erst in München habe ich dann meinen Konstruktionsplan so abgeändert, wie ich ihn später schildern werde. *Alle anderen Konstruktionseinzelheiten lagen aber für mich in Schnaitheim schon Ende Juli 1939 fest.*

Vermerk: Diese Einzelheiten des Planes sind weiter unten bei der Tatausführung besprochen[38a].

E. gibt weiter an:
Wie bereits erwähnt, wurde ich, nachdem mein Knochenbruch am linken Fuß ausgeheilt war, am 22. Juli 1939 vom Arzt wieder gesundgeschrieben. Zu diesem Zeitpunkt waren

meine Pläne bezüglich des Anschlages mit Ausnahme der ebenfalls bereits angedeuteten später durchgeführten Änderungen auf dem Papier und in meinem Kopf fix und fertig.
Ich wollte sobald wie möglich nach München übersiedeln[39], *um dort erst den Bau meines Apparates vorzunehmen.* Ich habe den Apparat deswegen nicht schon in Schnaitheim fertiggebaut, um nicht in Gefahr zu laufen, später in München feststellen zu müssen, daß ich vielleicht einzelne Teile größer gebaut hätte, als ich sie nachher unterbringen könnte. *D. h. ich mußte erst an Ort und Stelle feststellen, wieweit ich den Hohlraum in der Säule vortreiben kann, um danach die Größenverhältnisse meiner Maschinerie festzulegen.*
Eigentlich wollte ich am 1. August in München sein, um mir dort gleich zum Monatsbeginn ein Zimmer mieten zu können. Es kam aber noch eine Erkrankung dazwischen. Ich hatte plötzlich unter Fieber, Erbrechen und Durchfall zu leiden, mußte 4 Tage das Bett hüten und wurde während dieser Zeit in der Familie S. bezw. Sch. gepflegt. Als ich am 5. 8. schließlich nach München fahren konnte, war ich noch halb krank[40].
Alles, was ich glaubte zur weiteren Tatvorbereitung bezw. Ausführung in München nötig zu haben, nahm ich mit, d. h. einen Teil des umfangreichen Werkzeuges habe ich wohl in Kisten verpackt, es mir aber erst nachschicken lassen. Die Verpackung habe ich teilweise in meinem Zimmer, teils in meiner provisorischen Werkstatt vorgenommen. Pulver, Sprengstoff und Sprengkapseln füllten die Geheimfächer und den Doppelboden meines Holzkoffers aus. Die übrigen Sachen waren normal verpackt. Auch die von mir gefertigten Skizzen, die ich eigentlich alle mitnehmen wollte, hatte ich nicht besonders versteckt. Den Koffer, in dem diese Sachen waren, hielt ich natürlich immer verschlossen. Ob mir meine Hausleute beim Packen zugesehen haben, weiß ich nicht mehr genau. Was ich in den Geheimfächern und Doppelboden hatte, haben sie jedenfalls nicht gesehen. Meinen Hausleuten

erklärte ich, daß ich in München bereits eine Stelle als gelernter Schreiner habe und deswegen dorthin reise. Ich nannte ihnen sogar den Namen einer Firma, der aber vollkommen aus der Luft gegriffen war. Es mag sein, daß ich als zukünftige Arbeitsfirma die „Deutschen Werkstätten" nannte. Diesen Namen hatte ich, soviel mir noch in Erinnerung ist, bei meiner Stadtbesichtigung anläßlich meines Osterbesuches in München an einem Möbelgeschäft stehen sehen.

An Gegenständen und Geräten, die ich, zur Mitnahme nach München eingepackt hatte, kann ich aus dem Gedächtnis noch folgendes benennen:

5—6 Uhrwerke, von denen nur 3 vollständig gebrauchsfähig waren, die übrigen nahm ich mit, um etwa notwendige Teile aus ihnen entnehmen zu können.

1 Batterie mit 6 Volt Spannung mit 2 Zellen, gekauft in einer Autoreparaturwerkstätte in Herbrechtingen (Name?), wohin ich mit dem Rad fuhr, als in Heidenheim eine solche nicht zu kaufen war. Die Batterie war gebraucht und kostete ungefähr 2—4 RM.

3 Autowinker. Davon habe ich einen als gebraucht in einem Autogeschäft in Heidenheim (Name nicht erinnerlich) geschenkt bekommen, als ich sagte, ich wolle damit etwas ausprobieren. Die anderen beiden habe ich ebenfalls gekauft beim Auto-M. in Heidenheim zum ungefähren Gesamtpreis von 1.— RM. Auch ihm sagte ich, daß ich etwas ausprobieren wolle.

1 8 cm Granathülse, 24$^1/_2$ cm hoch, die ich bei früheren Besuchen bei einem den Namen nach mir nicht mehr bekannten Schmied in Schnaitheim hatte stehen sehen und die dieser mir schenkte, als ich ihm sagte, ich brauche 2 Büchsen, die ich mir leicht durch Zerschneiden der Hülse herstellen könne. Das war natürlich nicht wahr, sondern ich dachte an die Granathülse gleich als Sprengstoffbehälter.

2 Uhrengewichte, die sich schon bei dem mir von der Fa. R. in Meersburg überlassenen Material befand[en] und für die ich bisher eben keine Verwendung gehabt hatte. Diese hatte ich von vornherein ebenfalls als Sprengstoffbehälter vorgesehen.

250 Preßblättchen Schwarzpulver (Durchmesser 19 mm, 9 mm stark), aus der Armaturenfabrik stammend.

150 Sprengpatronen (Donarit und Gelantine), aus dem Steinbruch V., Königsbronn, stammend.

ca. 122 Sprengkapseln, aus dem Steinbruch V. stammend. (Etwa 3 Stck. hatte ich zu den Modellversuchen schon gebraucht.)

1 beinahe volle Schachtel mit der 9 mm Gewehrmunition (Stückzahl nicht mehr erinnerlich).

An Werkzeug nahm ich, soweit ich mich noch erinnern kann, folgendes mit:

1 Satz Hobel	2 Beißzangen
mehrere Stechbeutel	verschiedene Feilen
2 Flachzangen	2 Winkel
1 Holzraspel	1 Streichmaß
1 Gärungsmaß [Gehrungsmaß]	1 Schrägmaß
1 Fischbandeisen [Flachbandeisen]	verschiedene Eisenbohrer von 2—8 mm
verschiedene Holzbohrer von 3—18 mm	1 Rohrwinde
	1—2 Meißel
3 Hämmer	1 Fuchsschwanz

Das Werkzeug war in Kisten verpackt. Diese wurden von S. nachgesandt[41]. Kleider, Wäsche und andere persönliche Sachen waren teils im Holzkoffer, und teils in Kisten verpackt. Den Holzkoffer mit Geheimfächern usw. führte ich persönlich mit nach München.

Nach allen diesen Vorbereitungen habe ich Schnaitheim am 5. August 1939 verlassen. Ich fuhr dort gegen 14 Uhr mit dem

Personenzug nach Ulm und hatte sodann Anschluß mit dem Schnellzug nach München, wo ich gegen 18 oder 19 Uhr eingetroffen war. In München hatte ich bereits von Schnaitheim aus ein Zimmer gemietet. Mitte Juli hatte ich schriftlich bei der „Münchener Zeitung" ein Inserat aufgegeben mit dem Wortlaut: „Herr sucht einfach möbliertes Zimmer."
Auf dieses Inserat hin erhielt ich nach einigen Tagen von der „Münchener Zeitung" 40–45 Zimmerangebote zugesandt[42]. Aus diesen Angeboten suchte ich mir wahllos ein Zimmer aus, das ich in der Angertorstr., Hausummer unbekannt, bekam und von einer Familie S. zum Preise von 20 RM angeboten wurde. Ich habe damals sofort schriftlich dieses Zimmer gemietet und auch zugleich den Mietpreis für August in Höhe von 20 RM übersandt. Einige Tage darauf erhielt ich diese 20 RM von der Familie S. zurück mit der Mitteilung, daß das Zimmer bereits vermietet worden sei. Ich habe deshalb nochmals auf dem gleichen Weg von Schnaitheim aus ein Inserat in der „Münchener Zeitung" auf[gegeben], auf das mir 5 oder 6 Angebote übermittelt wurden. Darunter befand sich auch das Angebot einer Familie B. in der Blumenstr. 19/II, das ich gemietet habe. Ein besonderer Grund der Vermietung dieses Zimmers lag nicht vor. Die Familie B. war mir unbekannt, ich wußte nicht, daß B. Beamter war. Nach meiner Ankunft in München begab ich mich vom Hauptbahnhof in München aus zur Familie B. Am Hauptbahnhof in München nahm ich zum Transport des von mir mitgeführten Holzkoffers einen Dienstmann in Anspruch, der mich mit dem Koffer mit einem kleinen Lieferkraftwagen dorthin gefahren hat. Für den Transport mußte ich ungefähr 3.– RM bezahlen, der Name des Dienstmannes und das Kennzeichen des Lieferkraftwagens sind mir nicht bekannt. Das Zimmer bei B. konnte ich ohne weiteres beziehen. Es wurden für den Monat August von Frau B. noch 30 RM Miete verlangt. Die Monatsmiete hat insgesamt 35 RM betragen. Auf Befragen gab ich

der Familie B. im Laufe der Zeit Auskunft über meine Herkunft und über meinen Beruf, ich erklärte ihnen, daß ich auf unbestimmte Zeit in München sei und einen Polierkursus besuche, d. h. das Polieren lerne. Ferner teilte ich ihnen gelegentlich einer Unterhaltung mit, daß ich an einer Erfindung arbeite, trotzdem die Familie B. Interesse an der Erfindung hatte, habe ich ihnen keinerlei Mitteilungen oder Andeutungen gemacht. Das Frühstück habe ich von Familie B. erhalten. Dies wurde gesondert verrechnet. Hierfür mußte ich 20 RM bezahlen. Das Zimmer bei B. habe ich sehr wenig verlassen. Es war dies lediglich zur Einnahme des Mittagessens, zur Einnahme des Abendessens und zu der Zeit, wo ich im „Bürgerbräukeller" gearbeitet habe. Meinen Lebensunterhalt bestritt ich von meinen Ersparnissen, ich führte damals 350—400 RM bei mir. Bei B. war ich unter meinen richtigen Personalien polizeilich angemeldet. Das nächtliche Ausbleiben fiel der Familie B. bald auf. Auf Befragen teilte ich ihnen mit, daß ich nachts an meiner Erfindung studiere und daß ich mich deswegen im Freien auf einer Bank aufhalte. Weitere diesbezügliche Fragen wurden weder von Herrn B. noch von Frau B. gestellt. In meinen Holzkoffer konnte die Familie B. keine Einsicht nehmen, nachdem dieser von mir ständig versperrt gehalten wurde. Die Schlüssel hierzu führte ich stets bei mir. Soviel ich mich entsinne, habe ich dort keine Skizzen oder Zeichnungen angefertigt. Tagsüber lag ich die meiste Zeit auf dem Sofa. Hier und da habe ich der Frau B. bei Hausarbeiten, z. B. Einkaufen, Holzspalten u. dgl. geholfen.
Nachdem mir der Mietpreis für das Zimmer bei B. zu hoch war, und nachdem ich dort keine Gelegenheit zum Basteln hatte, es war ein sehr gut eingerichtetes Zimmer, habe ich mich am 1. 9. 39 in der Türkenstr. 94/II, bei L., Tapezierer, eingemietet. Auf dieses Zimmer wurde ich durch ein Inserat in den „Münchener Neuesten Nachrichten" aufmerksam, das

ich Ende August 1939 dort einsetzen ließ. Die Familie L. war mir damals, wie auch früher die Familie B. gänzlich unbekannt. Dort hatte ich ein kleines Zimmer, wofür ich 17.50 RM ohne Frühstück bezahlen mußte. Auch dort habe ich mich polizeilich unter meinen richtigen Personalien angemeldet[43]. Auch der Familie L. gab ich auf Befragen Auskunft über meine Herkunft und über meinen Beruf. Auch diesen teilte ich mit, daß ich an einer Erfindung arbeite und daß ich mich deswegen nach München begeben habe. Näheres über diese Erfindung gab ich auch hier nicht an. Auch dort habe ich mich tagsüber die meiste Zeit im Zimmer aufgehalten. Ich habe dieses Zimmer ebenfalls nur zur Einnahme des Mittagessens und des Abendessens und zur Verrichtung der Vorarbeiten im „Bürgerbräukeller", die nur zur Nachtzeit vorgenommen wurden, verlassen[44]. Hier und da begab ich mich auch zur Familie B., wo ich Holz gespaltet habe. Dafür erhielt ich Mittag-, Abendessen und noch etwas Trinkgeld. Zu dem Umzug habe ich ebenfalls einen Dienstmann, der mir unbekannt ist, in Anspruch genommen. Auch dort hielt ich meinen Holzkoffer ständig versperrt, so daß niemand in denselben Einsicht nehmen konnte. Das nächtliche Ausbleiben fiel auch der Familie L. auf, deshalb wurde ich von diesen aber nie befragt. Dieses Zimmer hatte ich bis 1. November 1939. Bezüglich der Nichtbefragung wegen des nächtlichen Ausbleibens vermute ich, daß die Familie L. der Meinung war, daß ich bei B. oftmals zu Besuch bin. In diesem Zimmer war mir Gelegenheit zu Basteln und Zeichnen geboten.

Von Ostern 1939 bis zu meiner Ankunft in München im August 1939 stand ich mit irgendwelchen Personen in München in keinerlei Verbindung. Ich habe lediglich einige Zeit nach Ostern — nähere Angabe kann ich unmöglich machen — einem Serviermädchen des „Bürgerbräukellers", von der ich die Anschrift hatte, Abzüge von den bereits erwähnten Auf-

nahmen im Garten des „Bürgerbräukellers" übersandt. An dieses Mädchen habe ich auch einige Zeilen in diesem Brief gerichtet, den Inhalt weiß ich heute nicht mehr. Auch ist mir der Name und die Adresse des Mädchens nicht mehr bekannt. Wenn ich gefragt werde, ob es sich um die Anna L. handelt, so muß ich dies bestätigen[45]. Dieser Brief kam nach einigen Tagen als unbestellbar zurück. (Unter dieser Adresse[46] schrieb mir auch Frau H. aus Eßlingen.) Einen besonderen Grund, warum ich meine Sendungen postlagernd schicken ließ, hatte ich nicht. Ich wollte dadurch lediglich bezwecken, daß Maria S. von einem Briefwechsel keine Kenntnis erhält. Nachdem ich der Ansicht war, daß ich die Anschrift der L. auf dem Brief nicht richtig vorgetragen [sic] hatte, übersandte ich die Aufnahme nach einigen Tagen an die L. unter der Anschrift „Bürgerbräukeller". In diesem Brief teilte ich ihr mit, daß die erste Sendung unter der Privatanschrift als unbestellbar zurückgekommen sei. Ferner bat ich sie, an den Hausburschen und an die Zigarrenfrau im „Bürgerbräukeller" und den übrigen Serviermädchen Grüße zu übermitteln. Für diese waren ebenfalls Abzüge der Aufnahmen von Ostern beigelegt. Eine Antwort erhielt ich auf diesen Brief von der L. nicht. Ich habe von dieser auch nie etwas mehr gehört.
In der Zeit von Ostern bis August 1939 habe ich auch von dem Hausburschen im „Bürgerbräukeller" und von dem Unbekannten, der seinerzeit in der Wirtschaft „Am Gasteig" dabei war, nichts mehr gehört. Der Hausbursche hat weder mir, noch habe ich ihm geschrieben. Weitere Personen aus München waren mir nicht bekannt.
Meinen Jugendfreund R. habe ich seit 1925 nur noch sehr selten gesprochen. In Briefwechsel standen wir nie. Das letzte Mal sah ich ihn im Monat Juli 1939, als ich mit in Königsbronn zur Vornahme der Versuche an meinem Modell aufgehalten habe. Ich traf ihn damals mit seiner Frau, er hatte inzwischen geheiratet, auf der Straße in Königsbronn und

unterhielt mich ungefähr ½ Stunde über allgemeine Sachen. Ich erklärte ihm damals, daß ich meinem Vater soeben einen Besuch abstatte. Von meinem Vorhaben und meinen Absichten hatte er keine Ahnung. Die in Königsbronn von mir angestellten Versuche hat er nicht wahrgenommen. Diese wurden lediglich von meinem Vater beobachtet. Auch ich habe meinem Vater keinerlei Erklärungen hierzu abgegeben. Er hat nur einem Versuch beigewohnt und hat anschließend Gartenarbeit verrichtet. An Einzelheiten meiner dortigen Arbeiten hatte er kein Interesse, d. h. er hat sich darum nicht gekümmert[47].
Mitte September teilte ich R. schriftlich meine Münchener Ankunft[48] mit und bat ihn, diese meinem Vater zu übermitteln. Ob er dies getan hat, ist mir nicht bekannt. Von R. erhielt ich keinerlei Antwort. Auch mein Vater ließ nichts hören. Dadurch wollte ich lediglich vermeiden, daß meine Mutter und mein Bruder Kenntnis von meinem Aufenthalt erlangten. Mit diesen war ich verfeindet.
Weitere Freundschaften hatte ich zu dieser Zeit nicht. Die Fahrt nach München habe ich allein ausgeführt. Auch auf dieser Fahrt hatte ich keinerlei Reisebekanntschaften gemacht.
Während dieser ganzen Zeit von August 1939 bis November 1939 stand ich in keinem geordneten Arbeitsverhältnis. Ich war lediglich mit den vorbereitenden Arbeiten für meinen Anschlag beschäftigt.
Mein Gesamtplan für die Tat stand schon nach kurzer Zeit genau fest. *Schon damals im Jahre 1938, als ich den ersten Entschluß zu meiner Tat faßte, war ich mir darüber im klaren, daß ich nicht länger in Deutschland bleiben konnte. Ich wollte schon ehe meine Uhren die Explosion auslösten, in der Schweiz sein. Für die Schweiz habe ich mich lediglich deshalb entschieden, weil es mir als das Nächstliegende erschien. In anderen Ländern, wie etwa Italien, hätte ich mich*

gar nicht ausgekannt. *Die Grenzübergangsstellen zur Schweiz in der Nähe von Konstanz kannte ich dagegen von meinem mehrjährigen Aufenthalt in Konstanz her sehr gut.* Damals hatte ich mich allerdings noch nicht mit einem Grenzübertritt über die grüne Grenze beschäftigt. Ich hatte es ja nicht notwendig, da ich seinerzeit im Besitz eines kleinen Grenzscheines war. Nach meinem illegalen Grenzübertritt (nach Ingangsetzen der Uhren) wollte ich in der Schweiz Arbeit als Schreiner oder auch sonst irgendwelcher Art suchen. *Wenn mir vorgehalten wird, daß jüdische Organisation[en] Belohnungen für Attentate auf den Führer ausgesetzt haben, so kann ich nur erklären, daß mir dies bis heute nicht bekannt war. Ich hoffte auch nicht, in der Schweiz als Attentäter irgendwelche Vorteile zu kriegen.* Wenn ich meiner Schwester versprochen habe, ihr vom Ausland aus Geld zu schicken, so dachte ich lediglich daran, daß mir solche Unterstützung in Zukunft leichter möglich sein würde, da ich von der Schweiz aus natürlich keine Alimente mehr bezahlt hätte. *Ich hatte außerdem die Absicht und dies mir schon eingehend überlegt, von der Schweiz aus an die deutsche Polizei ausführlich zu schreiben, zu erklären, daß ich der Alleinschuldige an dem Attentat sei, keine Mitwisser oder Mittäter gehabt habe. Ich hätte außerdem eine genaue Zeichnung meines Apparates sowie eine Beschreibung über die Ausführung der Tat mitgeschickt, damit man meine Behauptung hätte nachprüfen können.* Mit einer solchen Mitteilung an die deutsche Polizei wollte ich lediglich bezwecken, daß keinesfalls irgendwelche unschuldige Personen auf der Suche nach dem Täter verhaftet würden. Ich hatte mir auch überlegt, daß es unter Umständen möglich sein könnte, daß ich von der Schweiz an Deutschland ausgeliefert werden würde. Dem wollte ich dadurch vorbeugen, daß ich bestimmtes Material, von dem ich glaubte, daß es für die Schweizer militärischen Stellungen[49] von Interesse sei, mitnahm.

Während meiner Tätigkeit in der Versandabteilung der Armaturenfabrik in Heidenheim habe ich pflichtgemäß ein Notizbuch über Eingänge, z. B. leere Pulverkisten, die wir voll an eine bestimmte Firma geschickt hatten, geführt. Obwohl dieses Buch seinerzeit von der Fa. zur Verfügung gestellt worden war, habe ich es nach Lösung des Arbeitsverhältnisses damals mit nach Hause genommen, da erst einige Seiten beschrieben waren. Ob ich es mir damals schon überlegt habe, daß ich diese Eintragungen später gebrauchen könnte, weiß ich heute nicht mehr. Bei meinem Austritt aus der Firma wurde mir dieses Notizbuch nicht abverlangt. Ich habe dieses Notizbuch vollständig am 5. August mit meinen übrigen Sachen mit nach München genommen und es dort zu gelegentlichen Eintragungen weiter benutzt. Es war aber nicht dasselbe Notizbuch wie jenes, in das ich während meines Osterbesuches die Maßskizze der Säule eingezeichnet habe. Es mag sein, daß ich am 5. 8. das Notizbuch schon in Gedanken mit nach München nahm, die Eintragungen darin später in der Schweiz nutzbar machen zu können.

Die Seiten, die ich mit in die Schweiz nehmen wollte, enthielten, wie bereits angedeutet, Eintragungen, aus denen für eine Reihe von deutschen Firmen zu entnehmen war, daß sie für die deutsche Rüstung tätig sind[50]. Ich hoffte bestimmt, daß mich die Schweizer nicht ausweisen würden, wenn ich ihnen diese Mitteilungen überbringen würde. Hätten sie mich trotzdem aus der Schweiz abgeschoben, so hätte ich gebeten, nach Frankreich überstellt zu werden. Aber auch dafür hatte ich keinerlei bestimmten Grund. Ich wollte lediglich einer festen Arbeit nachgehen. Es ist mir nicht bekannt, daß die Franzosen sogenannte Emigranten in die Konzentrationslager stecken. An eine Belohnung habe ich auch bezügl. Frankreich nicht gedacht. Ich hoffte nur, die Aufenthaltsbewilligung zu erhalten. Wenn mir die Schweizer für diesen Fall der Abschiebung nicht schon die Mitteilungen

über die deutschen Rüstungsfirmen abgenommen hätten, würde ich diese Aufzeichnungen den Franzosen abgegeben haben.
Ich muß zugeben, daß ich mich daran erinnere, beim Eintritt in die Firma oder vielleicht auch etwas später über die Geheimhaltungsbedürftigkeit jeglicher Einzelheiten bezügl. der Pulverfabrikation hingewiesen worden [zu] sein. Soviel ich weiß, wurde uns allen damals ein Zettel vorgelegt, den man unterschreiben mußte. Ob darauf etwas von Landesverrat, Spionage oder Todesstrafe stand, weiß ich nicht mehr.
Mit der anderen Möglichkeit, daß es mir etwa nicht gelingen sollte, in die Schweiz zu gelangen, habe ich kaum gerechnet, d. h. ich hoffte bestimmt, daß mir dies gelingen würde. Wenn sie mich erwischen, dachte ich, muß ich eben die Strafe auf mich nehmen.
Die meines Erachtens vollkommen unwesentlichen Zünderteile, die bei meiner Festnahme in meiner Tasche gefunden wurden, wollte ich bestimmt nicht mit in die Schweiz nehmen.

(*Vermerk:* Auf diese Dinge wird später noch eingegangen)[51].
Von Seite 1—150 selbst gelesen, genehmigt, unterschrieben:
gez.: Georg Elser.

Unterbrochen am 22. 11. 1939 um 19.10 Uhr.
gez. K.,   gez. S.,   gez. Sch.
Kriminalkommissare.

Weiterverhandelt mit E. am 23. 11. 1939, 9 Uhr.

Während meines Aufenthaltes in München vom 5. August bis 6. November 1939 war ich insgesamt ungefähr 30—35 mal nachts im „Bürgerbräukeller" — Saal —.

Als ich meine Kleider in Ordnung gebracht, meine Werkzeuge, soweit ich sie als für den ersten Gebrauch notwendig schon mitgenommen hatte, zurechtgelegt hatte, bin ich vielleicht in der 3. oder 4. Nacht nach meiner Ankunft in München zum ersten Male im Saal an die Arbeit gegangen. *An den Tagen, an denen ich nachts im Bürgerbräukeller gearbeitet habe, begab ich mich jedesmal gegen 20—22 Uhr in den Wirtschaftsraum des „Bürgerbräukellers", um dort mein Abendbrot einzunehmen.* Ich nahm dort regelmäßig an dem mittleren Tisch des Wirtschaftsraumes Platz und wurde meistens von dem Servierfräulein B. bedient. Ich aß nach der Karte und habe jedesmal ein Glas Bier getrunken. Den früher von mir erwähnten Hausburschen habe ich um diese Zeit im „Bürgerbräukeller" nicht mehr angetroffen. Nach meinen Beobachtungen war dieser damals nicht mehr im „Bürgerbräukeller" tätig. Erst später — genaue Zeit nicht bekannt — habe ich von einer mir nicht mehr bekannten Person erfahren, daß er in der Zwischenzeit seinen Arbeitsplatz gewechselt hat. Ob der Direktor mich dort gesehen und wiedererkannt hat, ist mir nicht bekannt, gesprochen habe ich mit ihm nicht. Das Servierfräulein L. und das Serviermädchen, das ich ebenfalls Ostern fotografiert habe, waren um diese Zeit ebenfalls im „Bürgerbräukeller" nicht mehr beschäftigt. *Gegen 22 Uhr habe ich dort durchwegs bezahlt. Ich verließ anschließend den Wirtschaftsraum, begab mich von da aus durch den Garderobenraum in den nicht verschlossenen Saal, begab mich dort über den* hinteren Treppenaufgang auf die Galerie, ging diese bis zur rückwärtigen Front entlang *und versteckte mich dort in einem Abstellraum*, der sich neben dem rückwärtigen Zugang zur Galerie befindet und der lediglich durch eine spanische Wand verdeckt war. In diesem Raum befanden sich leere Pappschachteln. Ähnliche Pappschachteln hatte ich in der im „Bürgerbräukelller" befindlichen Schießbude gesehen, als ich im Oktober dort einige Male sonntags Tanzunterhaltungen aufsuchte.

Ob das Betreten des Saales irgendeinmal beobachtet wurde, kann ich nicht angeben. Im Saal brannte anfangs die Notbeleuchtung, später, d. h. nach Kriegsbeginn, war dort keine Beleuchtung mehr eingeschaltet. Um diese Zeit fiel dorthin lediglich der Lichtschein, der aus der Küche und aus dem Garderobenraum kam. *In dem erwähnten Versteck hielt ich mich solange auf, bis der Saal abgesperrt worden war.* Es war dies stets in der Zeit zwischen 22.30 Uhr und 23.30 Uhr. Ehe der Saal abgeschlossen wurde, wurden dort von Frau M. — es ist dies die mir bekannte Zigarrenfrau im „Bürgerbräukeller" — im Saal die dort sich aufhaltenden Katzen gefüttert. Die Galerie hat sie dabei nicht betreten. Anschließend wurde dreimal abgesperrt, soviel ich durch das Geräusch gehört, war lediglich das Absperren des Haupteinganges erfolgt. Ob der Notausgang zum Garten verschlossen war, ist mir nicht bekannt.

Nach dem Abschließen des Saales begab ich mich von meinem Versteck aus unmittelbar an die Säule, wo ich den Einbau meines Apparates vornahm. Ich habe mich lediglich hier und da noch kurze Zeit in dem Versteck aufgehalten, um mich tatsächlich davon zu vergewissern, daß sich niemand im Saal befand.

Ich verblieb ständig die ganze Nacht im Saal. Der Saal wurde in der Zeit zwischen 7 und 8 Uhr morgens wieder geöffnet. Es wurden von einer Person, die ich nie gesehen habe, der Saaleingang von der Garderobe aus und der Notausgang zum Garten, der sich neben der Schenke befindet, geöffnet. Meine Arbeiten hatte ich zwischen 2 und 3 Uhr stets beendet, anschließend hielt ich mich bis zum Verlassen des Saales wieder in dem bereits erwähnten Versteck auf, in dem sich auch ein Stuhl befand. Dort habe ich bis zum Verlassen des Versteckes gedöst. Im August 1939 habe ich nach Öffnung des Saales diesen teils durch den Notausgang zum Garten verlassen. Mit Kriegsbeginn war in den „Bürgerbräukeller" eine Luftschutzwache[52] gelegt worden, die im Alt-Münchener Saal untergebracht war und die morgens zwischen 6.30 und 7.30 Uhr in der kleinen Küche, die sich in der Nähe der Bühne im Saal befindet, Kaffee gekocht hat. Aus wieviel Männern sich die Luftschutzwache zusammensetzte, kann ich nicht angeben. Mit dem Einzug der Luftschutzwache im Bürgerbräukeller wurde der erwähnte Notausgang bereits um 6 Uhr früh von einer mir unbekannten Person geöffnet. *Von dieser Zeit ab verließ ich den „Bürgerbräukeller" bereits gegen 6.30 Uhr.* Ob ich im August beim Verlassen des Saales von irgend jemand beobachtet wurde, weiß ich nicht. Ich habe wohl gesehen, daß seinerzeit im Garten des Bürgerbräukellers ein alter Mann sich aufgehalten hat, der den Garten in Ordnung brachte, ob dieser mich aber beobachtet hat, weiß ich nicht. Bestimmt weiß ich, daß ich ab September beim Verlassen des Notausganges von Männern der Luftschutzwache gesehen worden war. Ich wurde jedoch von diesen nie angehalten. Bekannt sind mir diese Männer nicht, auch bin ich nicht in der Lage, eine Beschreibung dieser Männer abzugeben. Beim Verlassen des Saales habe ich, um mich nicht irgendwie verdächtig zu machen, keinerlei besondere Vorsichten angewandt. Ich habe den Saal stets nur auf die angegebene Weise betreten und verlassen, eingestiegen bin ich nie. Es kam manchmal vor, daß der Saal bereits früher abgesperrt war, als ich vermutete. An diesen Tagen habe ich mich dann sofort, ohne den Saal zu betreten, nach Hause begeben. Dies tat ich auch, wenn manchmal ein zu lebhafter Verkehr im Garderobenraum war. Von und zum „Bürgerbräukeller" ging ich stets zu Fuß. Ich habe diesen immer von der Rosenheimer Straße aus betreten und auch zur Rosenheimer Straße verlassen. D. h. zur Rosenheimer Straße habe ich den Saal nur verlassen, wenn ich durch den Garderobenraum gegan-

gen bin. Wenn ich den Notausgang beim Verlassen des Saales benutzt habe, habe ich den „Bürgerbräukeller" durch den rückwärtigen Ausgang, durch die Brauereianlagen zur Kellerstraße verlassen. Dort waren mehr Leute anwesend, aufgefallen bin ich da nie. Ich trug damals durchweg einen dunkelblauen Kammgarnanzug mit langer Hose, schwarze Halbschuhe und einen kaffeebraunen Pullover. Ab Mitte September habe ich lediglich die Joppe gewechselt, von da ab trug ich [eine] braune Joppe, die aus einem rauhen Stoff angefertigt war. Einen Knickerbockeranzug trug ich in München nur, wenn ich im „Bürgerbräukeller" keine Arbeiten vorhatte. Es war dies ein grauer Anzug. Ab Mitte Oktober trug ich auch einen grauen doppelreihigen Übergangsmantel, der rückwärts eine Falte hatte. Den Schnitt kann ich selbst nicht angeben. Eine Kopfbedeckung habe ich nie mit mir geführt. Taschen, Mappen und dergl. führte ich nie mit mir.
Es kam sehr selten vor, daß der Saal nach Absperrung bis zur Öffnung von einer Person, die ich nie gesehen habe, für kurze Zeit betreten wurde. Es wurde auf- und wieder zugeschlossen. Die Galerie wurde dabei nicht betreten. Was diese Person in dem Saal gemacht hat, weiß ich nicht. In der ersten Woche kam es einmal vor, daß der Saal geöffnet wurde, wo habe ich nicht gesehen, und daß ein Mann mit einer Taschenlampe durch den Saal und durch die Galerie gegangen ist. Ich habe mich damals sofort in meinem Versteck versteckt gehalten. Von diesem Mann wurde ich nicht bemerkt. Mein Versteck wurde von diesem nicht kontrolliert. Bis Kriegsbeginn hielten sich in dem Saal auch 2 freilaufende Hunde auf, die in diesen durch die im ersten Stock befindlichen Räume gelangen konnten. Diese haben wohl manchmal gebellt, gestellt wurde ich von diesen jedoch nie. Später stellte ich vor die Türe, durch die sich die Hunde in den Saal begeben haben, einen Stuhl, damit sie nicht mehr in den Saal gelangen konnten[53].

Soeben fällt mir noch folgendes ein: In den ersten Tagen, in denen ich im „Bürgerbräukeller" gearbeitet habe, wurde einmal mein Versteck nach Öffnung des Saales von einem Mann betreten, und zwar in dem Augenblick, als ich das Versteck verlassen wollte. Dieser Mann wollte in meinem Versteck eine Pappschachtel holen und bemerkte mich dabei. Nachdem er eine Schachtel an sich genommen hatte, ging er, ohne irgend etwas zu mir zu sagen weg und kam anschließend mit dem Direktor auf die Galerie. Der Mann kam dorthin von links und der Direktor von rechts. In der Zwischenzeit hatte ich mein Versteck verlassen und an einem Tisch auf der östlichen Galerie Platz genommen, wo ich pro forma einen Brief schrieb. Auf Befragen des Direktors erklärte ich ihm, daß ich an einem Oberschenkel einen Furunkel habe, das [sic] ich mir ausdrücken möchte. Auf sein Befragen, was ich in dem rückwärtigen Raum gemacht hätte, gab ich ihm an, daß ich dort das Öffnen des Furunkels habe vornehmen wollen. Ferner sagte ich ihm, daß ich an dem Tisch einen Brief aufsetzen wollte. Der Direktor forderte mich lediglich auf, den Brief im Garten zu schreiben, nachdem ich auf der Galerie nichts zu suchen hätte. Ich habe mich darauf in den Garten des Bürgerbräukellers begeben, wo ich, um keinen Verdacht zu erregen, Kaffee getrunken habe. Es war der gleiche Direktor, mit dem ich bereits zu Ostern 1939 dort gesprochen habe. Ob er mich wiedererkannt hat, weiß ich nicht. Bei der Person, die mich in dem Versteck gesehen hat, handelt es sich um den mir nach meiner Festnahme bei einer Gegenüberstellung bekannt gewordenen K.[54].

Vermerk: Zum besseren Verständnis der Vernehmungsniederschrift über die Art der Ausführung der Tat und den Bau der Höllenmaschine, bezw. deren Wirkungsweise werden dieser Niederschrift die Zeichnungen 1—5 beigefügt, die Elser in der Haft gefer-

tigt hat⁵⁵. Die mit Rotstift vorgenommenen Eintragungen hat einer der vernehmenden Beamten (KK. K.) angebracht. Alle übrigen Beschriftungen stammen von Elser selbst. Bei der Zeichnung über die Gesamtanlage, die Elser in natürlichem Maßstab angefertigt hat, wurde das Original unverändert belassen und nur eine Lichtpause von demselben mit den Rotstifthinweisen versehen.
Die Zeichnung 1 stellt das frühere erwähnte Versuchsmodell dar, mit dem Elser ausprobiert hat, ob mit Hilfe einer Gewehrpatrone durch Aufschlag eines Stiftes auf dieselbe eine Sprengkapsel entzündet werden kann. Die Zeichnung 2 stellt einen perspektivisch gesehenen Ausschnitt aus der Säule, die E. geladen hat, dar. Die Zeichnung 3 (Lichtpause) gibt einen Überblick über die Anlage, den Einbau in die Säule und die Konstruktion der Höllenmaschine. Auf der Zeichnung 4 hat E. die Wirkungsweise seines Apparates genauer dargelegt. Während auf diesem Bild neben der genauen Darstellung von 3 wichtigen Einzelteilen der Mechanismus in gespanntem, d. h. noch nicht ausgelöstem Zustand gezeichnet ist, stellt die Zeichnung 5 denselben Mechanismus in ausgelöstem Zustand, also so dar, wie der Apparat nach der Zündung ausgesehen hätte, wenn er durch die Explosion nicht zerstört worden wäre.
Elser begab sich also mit dem vorläufig notwendigen kleineren Werkzeug, das er in den Kleidertaschen mit sich führte, in der ersten Nacht seines Aufenthaltes im Saal (Anfang August 1939) an die Arbeit.
Elser gibt hierzu an⁵⁶:
Zuerst löste ich vorsichtig den Holzstab an der Sockelleiste

der Holzverkleidung an der Säule, dann den oberen Profilstab an der Holzverkleidung ab, d. h. ich mußte von dem Sockelbrett den am oberen Teil dieses Bretts angefrästen Profilstab, der also mit dem übrigen Brett aus einem Stück bestanden hatte, abstechen. Der obere Profilstab war nur eine Leiste, die ich ohne weiteres lösen konnte. Dadurch *konnte ich ein Teilbrett der Säulenverkleidung so aussägen, daß nach Wiederanbringung der Leisten keine Sägeschnittstellen zu sehen waren. Dieses zugeschnittene Brett richtete ich dadurch zu einer Türe ein, daß ich es im Säulenwinkel* durch ein je oben und unten angebrachtes Zapfenband drehbar machte. Die andere Längsseite des Türenbrettes fiel deswegen nicht auf, weil sie sich mit einer natürlichen Fuge, an welche überall Profilstäbe angefräst waren, deckte. An dieser Türe brachte ich innen einen Riegel an. Diesen Riegel konnte ich, ohne daß ich irgendwelche Leiste oder Profilstab entfernte, jeweils mit einem flachen Messer, mit dem ich in die natürliche, vertikal verlaufende Fuge einfahren konnte, öffnen. Die Zeichnung 3 zeigt diesen Riegel und auch den Sitz der Türe. Die Art der Wandverkleidung und die Lage der Türe zeigte Zeichnung 2. Natürlich mußte ich, um den Riegel von außen bewegen zu können, die sogenannte Feder, d. h. den vorspringenden Teil an dem Nachbarbrett, der unter dem Profilstab des abmontierten Bretts in dasselbe hineinragte, abstechen.

Zur Anfertigung der Türe brauchte ich ungefähr 3 Nächte. *So konnte ich aber immer sofort mit meiner Arbeit beginnen, wenn ich nur die Türe geöffnet hatte, und brauchte nach Schluß einer Nachtarbeit nur die Türe zu verschließen, um eine Tätigkeit im Innern der Säule vollständig zu verbergen. Selbst wenn jemand die Säule tagsüber ganz genau betrachtet hätte, würde er an ihr keinerlei Veränderung bemerkt haben.* Meine Arbeitsstelle war nicht mit Tischen oder Stühlen verstellt, solche standen allerdings direkt daneben.

Die weitere Arbeit an der mit Backsteinen aufgestellten Säule habe ich mit Meißel, Bohrwinde und Meißelbohrer ausgeführt. Um die Steine später bearbeiten, d. h. ausbrechen zu können, habe ich mir in München in einem Werkzeugladen um 0.30 M einen Maurermeißel gekauft. Den Namen dieses Geschäftes weiß ich nicht mehr, auch kann ich die Lage nicht beschreiben. Finden würde ich dieses Geschäft allerdings wieder. Für diesen Meißel habe ich mir später dreimal je ein weiteres Verlängerungsstück bei dem Schlosser S. in der Türkenstraße 59 anschweißen lassen. Außerdem brauchte ich noch einen Spezialmeißel zum Ausbrechen von seitlichen Fugen. Diesen Meißel ließ ich mir nach meinen Angaben bei dem ebengenannten Schlosser S. neu anfertigen. Den Preis für diese Anfertigung weiß ich nicht mehr.
Zuerst hatte ich den Verputz, der auf dem Backstein lag, zu entfernen. Dies ging ziemlich leicht. Damit war ich in einer Nacht fertig. Die Backsteine konnte ich nur dadurch entfernen, daß ich in die mit hartem Mörtel ausgefüllten Backsteinfugen mittels Bohrwinde und Meißelbohrer nahe beieinander liegende Löcher bohrte, den stehengebliebenen Mörtel mit dem Meißel ausbrach und dann die Backsteine mittels längerem Meißel (Hebelarm) stückweise herausbrach. Da in dem Mörtel ziemlich grobe Steine enthalten waren, die jedesmal, wenn auf sie der Bohrer traf, richtig krachten, habe ich, um den Schall etwas abzudämpfen, ein Stück Tuch um den hinteren Teil des Bohrers gewickelt und bei der Arbeit fest gegen den Stein gedrückt. Ich wollte so den Schall etwas abhalten, da der kleinste Laut in dem leeren Saal bei Nacht ziemlich stark widerhallte. *Ich mußte überhaupt sehr vorsichtig zu Werke gehen und deshalb hat die Arbeit auch solange gedauert. Ich mußte bei jedem Brechen und bei jeder Drehung des Bohrers aufpassen, möglichst kein Geräusch zu verursachen.* Wenn ich z. B. einen Stein auszubrechen hatte, was immer das größte Geräusch verursachte, habe ich immer

gewartet, bis die absolute Ruhe von irgendeinem äußeren Geräusch unterbrochen wurde. Dabei kam mir sehr zustatten, daß ungefähr alle 10 Minuten in den Abortanlagen des Bürgerbräukellers die automatische Spülung einsetzte. Dieses wenige Sekunden anhaltende Geräusch mußte ich abwarten, zur Arbeit ausnützen, um dann wiederum bis zur weiteren Tätigkeit zu warten, bis der Spülapparat das nächste Mal die Stille unterbrach.

Auf die oben beschriebene Weise brach ich im Laufe der Monate (Erst Ende Oktober war ich mit der Maurerarbeit fertig) den in Zeichnung 3 eingesetzten Raum aus der Säule aus. Je tiefer ich in die Säule eindrang, desto langsamer ging es natürlich. Ich mußte mit verlängertem Meißel und zum Schuttausräumen mit einem selbst gefertigten Kratzer arbeiten.

Vermerk: Die von E. bezügl. des in der Säule geschaffenen Hohlraumes angegebenen Maße sind aus der von ihm gefertigten Originalzeichnung (natürlicher Maßstab) abzunehmen und soweit es sich um Höhenmaße handelt, in Zeichnung 3 für die einzelnen Raumteile eingetragen.

Elser gibt weiter an:
Den beim Ausbrechen entstandenen Schutt, das Bohrmehl und die Steine habe ich in einem aus eigenem Handtuch selbstgefertigten Sack, in dessen Öffnung ich einen steifen Draht eingezogen habe, aufgefangen. Durch den Drahtring konnte ich den Sack in die Öffnung einklemmen, wo er dann während der Arbeit immer offenstand und der Schutt aufgefangen werden konnte. Wenn der Sack voll war, er war verhältnismäßig klein, habe ich den Inhalt in einen Pappkarton, der mit einem Pappdeckel zu verschließen war, geleert. Diesen Karton ließ ich immer in meinem Versteck auf

der Galerie bei den dort stehenden anderen Schachteln stehen. Immer erst, wenn er voll war, bin ich um die Mittagszeit mit einem Handkoffer von der Kellerstraße aus durch den rückwärtigen Eingang in den Saal gegangen, begab mich in mein Versteck und schüttete den Inhalt des Kartons in den Koffer. Dann verließ ich mit dem Koffer den Saal auf dem gleichen Weg und begab mich damit zu Fuß in die Anlagen hinter dem Volksbad, wo ich im Hochwasserbett der Isar bei einem dort befindlichen Schutthaufen den Koffer entleerte. Dann ging ich wieder nach Hause. Ich konnte ungehindert in den Saal gelangen.

Auf diese Weise habe ich ungefähr 2—3 mal den durch meine Arbeit anfallenden Schutt aus dem Bürgerbräu gebracht, obwohl sich in dem Saal Männer der Luftschutzwache befanden, glaube ich nicht, daß ich dabei irgendwie beobachtet wurde. Bei dem Koffer handelt es sich um einen gewöhnlichen braunen Vulkanfiber-Koffer, der mein Eigentum war und den ich zuhause stehen hatte. Einmal trug ich den Schutt aus dem Bürgerbräukeller auch in einem Stück meines blauen Arbeitsschurzes auf dem gleichen Wege fort.

Später habe ich dann die erwähnte Türe in der Holzverschalung innen mit einem Eisenblech, 2 mm stark, das ich in einer mir weder dem Namen noch der genauen Lage nach bekannten Schlosserei gekauft habe, ausgeschlagen. (Persönlich würde ich mich zu diesem Schlosser wieder hinfinden.) Dieses Blech hatte verschiedenen Zweck: Es sollte verhindern, daß man beim Abklopfen einen Hohlraum vermutet. Außerdem wollte ich vermeiden, daß durch einen etwa zufällig an dieser Stelle eingeschlagenen Nagel meine dahinterstehenden Uhrwerke beschädigt werden könnten. Ich hatte nämlich beobachtet, daß ganz in der Nähe in die Holzverschalung vermutlich für Zwecke gelegentlicher Dekoration ein Nagel eingeschlagen war. Den erwähnten Riegel für diese Türe habe ich aus demselben Stück Blech geschnitten, selbst gefertigt und angebracht. Die für die Tür verwendeten Zapfenbänder (Scharnierenersatz) habe ich als handelsübliches Zubehörteil in einer Eisenhandlung im Tal, ungefähr 300 Meter südlich vom Rathaus in München gekauft.

Solange ich mit den Maurerarbeiten beschäftigt war, habe ich das dazu benötigte Werkzeug in der Höhlung selbst verborgen. Nur in den ersten Tagen, als der notwendige Raum dafür noch nicht vorhanden war, habe ich es unter eine der verschiedenen in meinem Versteck vorhandenen Schachteln gelegt.

Während der ganzen Zeit trug ich zu meiner Tätigkeit im Saal eine blaue Arbeitshose über die Straßenkleidung gezogen. Morgens legte ich die Hose immer in einer Ecke des Raumes ab, in dem die Schachteln standen, in dem ich mich gelegentlich versteckt hielt. Einmal hätte man ja auf meine Tätigkeit kommen können, denn kurz vor der Veranstaltung am 8.11.1939 wurde während meiner Abwesenheit tagsüber der erwähnte Raum ausgeräumt und die Schachteln alle weggebracht. Als ich eines Abends kam, war der Raum leer, ich bin schon erschrocken, fand aber meine Arbeitshose schön zusammengelegt in einer Ecke liegen. Ich habe dann in dieser Nacht trotzdem gearbeitet, die Hose aber nicht mehr außen liegen lassen, sondern sie auch immer in den Säulenhohlraum gelegt.

Den Anzug, der einige Jahre schon getragen war, und den ich während meiner Nachtarbeit immer trug, habe ich nicht besonders gereinigt. Er wurde nicht schmutzig, da ich die Jacke ausgezogen hatte und über die Hose eine Arbeitshose gezogen hatte.

Während meiner ganzen Tätigkeit, sowohl beim Ausbrechen, als auch später beim Einbauen meines Apparates verwendete ich immer eine Taschenlampe, die ich mit einem blauen Taschentuch verhängt hatte.

Um alles zu sagen, muß ich noch erwähnen, daß ich gleich

am Anfang meiner Tätigkeit links vom Raum für die Uhrwerke plötzlich auf einen Hohlraum gestoßen bin, von dem ich nicht wußte, welche Bedeutung er hatte, ob es irgendein Schacht war. Für alle Fälle setzte ich den an dieser Stelle aufgebrochenen Stein wieder ein und vergipste die Öffnung. Den damals verwendeten und übriggebliebenen Gips ließ ich in meinem Versteck ruhig stehen. Ich dachte, vielleicht kann ihn mal einer gebrauchen. Später wurde er mir dann nach meiner Festnahme durch die Polizei vorgezeigt.
Etwa neben den Sack gefallene Schuttreste, Staub usw. habe ich immer fein säuberlich weggeräumt. Dazu habe ich ein Tuch oder ein Taschentuch verwendet.
Gleichzeitig habe ich auch meinen Apparat gebaut. *Während ich nachts im Saal des „Bürgerbräukellers" arbeitete, habe ich tagsüber mich mit der endgültigen genauen Konstruktion meiner Maschine und dem Bau derselben beschäftigt.*
Den Umbau und die Unterbringung der Uhrwerke konnte ich bald nach meiner Ankunft in München vornehmen. Mit dem Bau der übrigen Teile mußte ich solange warten, bis ich wußte, wie weit ich den Raum in die Säule vortreiben konnte. *Die genauen Größenverhältnisse meines gesamten Apparates konnte ich deshalb erst Anfang Oktober 1939 bestimmen.* Die Einzelheiten, besonders die Wirkungsweise meiner Konstruktion, waren mir allerdings schon vorher klar. Den Gedanken, die Zündung mit Hilfe magnetischer Wirkung (Batterie und Autowinker) auszulösen, hatte ich schon früher, aber allerdings erst in München, fallengelassen.
Die Höllenmaschine war wie folgt konstruiert[57] und entsprechend wirksam: An dem kleinen Zeiger (Stundenzeiger) einer Uhr hatte ich den Fortbewegungshebel D befestigt. Hinter dem Zifferblatt, nicht davor, lag der Hebel D. Auf einer besonderen Achse, die ich erst hinzubaute, hatte ich ein selbstgefertigtes Holzkammrad (Sperrholz mit Buchenholzzapfen) aufgezogen und so in das Gestell des Uhrwerks ein-

gesetzt, daß der Hebel D alle zwölf Stunden einen der zwölf Zapfen B mitnahm, und dadurch das Kammrad A um eine zwölftel Umdrehung weiterdrehte. An dem Kammrad A hatte ich außerdem einen seitlich hervorschauenden Anschlag C angebracht, der zu einem vorauszuberechnenden Zeitpunkt bezgl. des Uhrablaufs einen gekrümmten Hebel E anhob, der im Punkt F gelagert war. Beim Anheben dieses Hebels, der sich bereits in der Uhr befand und eigentlich zur Auslösung des Schlags gehörte, wurde über den Stellen G und das Rädchen H das Laufwerk des Uhrschlagwerks frei. Die Feder des Schlagwerks konnte ablaufen. Das ebenfalls in der Uhr schon vorhandene Zahnrad J drehte sich, und zwar verhältnismäßig langsam und mit entsprechender Leistungsfähigkeit. Dieses Rad J trieb das von mir aufgesetzte Zahnrädchen H, das fest mit einer kleinen Seiltrommel verbunden war, und rollte so das 0,8 mm stark bei K angelötete Drahtseil über die Rolle L1 und L2 laufend auf. Dadurch wurde der Sperrbolzen N, der zwischen den Rollen M locker gehalten wurde, vor der Rolle O weggezogen. Beim Freiwerden der Rolle O konnte der Hebel P, der sich um Q drehte und unter Spannung der Feder V stand, wegschnellen. Das andere Ende dieses Hebels gab das lange Ende des Hebels R, der sich um S drehte, frei. Der Hebel R, der mit seinem kurzen gekrümmten Ende bisher den eisernen Schlagklotz in einem Schlitz, vor dem noch ein Steg stand, festgehalten hatte, gab diesen unter der Federspannung stehenden Klotz frei. Der Klotz mit den drei festeingelassenen und spitz gefeilten Nägeln W schnellte auf den Bolzen Ü, über den er lose aufgezogen war, vor der Feder V vor. Die Spitzen W schlugen auf die gegenüberliegenden Patronenhülsen (Gewehrmunition ohne Bleikugeln) auf und entzündeten so durch den Aufschlag auf die Zündhütchen der Patronen die mit kleinem Abstand daran anschließend eingesetzten Sprengkapseln Y. Diese Sprengkapseln Y ragten mit ihrem freien Ende durch jeweilige Bohrungen in dem Deckel in die Sprengstoffbehälter. Als solche waren eine Granathülse und ein ehemaliges Uhrengewicht angebracht. Die dritte Sprengkapsel mündete in eine einfache Sprengstoffpatrone. Ein weiteres Uhrgewicht, mit Sprengstoff gefüllt, ebenfalls mit einfachem durchbohrten Deckel versehen, war neben dem Sprengstoffbehälter frei in den Raum gelegt. Aus der Deckelbohrung ragte frei eine Sprengkapsel, die durch Explosionsübertragung von der eisernen Sprengstoffpatrone aus entzündet werden sollte.

Da ich es der Zuverlässigkeit einer einzigen Uhr nicht überlassen wollte, ob mein Plan gelang oder nicht, habe ich dieselben Vorkehrungen, die bereits an der ersten Uhr beschrieben, auch an einer zweiten Uhr angebracht[58]. Das von der zweiten Uhr ausgehende Drahtseil habe ich ebenfalls über die Rolle L 2 zum Bolzen N geleitet und dort festgemacht. Kurz vor der Rolle L 2 habe ich die beiden Drahtseile miteinander verklemmt. Aus demselben Grunde einer doppelten bezw. dreifachen Sicherheit habe ich auch den Sprengstoff nicht nur in einen Behälter gepackt und nur mit einer Sprengkapsel und nur mit einem Zündhütchen entzündet, sondern drei Schlagbolzen über 3 Zündhütchen auf 3 Sprengkapseln wirken lassen[59].

Entsprechend den 12 Kämmen B des Kammrades A *konnte ich also [an] jede[r] der beiden Uhren, die an und für sich eine Laufdauer von 14 Tagen hatten, 144 Stunden oder 6 Tage vorher ungefähr auf eine Viertelstunde genau den Zeitpunkt der Explosion einstellen* [und sie] in Gang setzen. Durch Ausprobieren hätte ich sogar die Einstellung auf 6 Tage voraus auf die Minute genau vornehmen können.

Da ich feststellte, daß die beiden Uhrwerke durch die Wandverkleidung hindurch gut zu hören sein würden, habe ich sie in einem doppelwandigen Kasten aus Sperrholz mit einer 1 cm starken Korkeinlage untergebracht. Bei der Korkeinlage handelt es sich um eine besondere Mischung von Teer, Karton und Kork, auf die ich durch eine Zeitungsannonce einer Firma für „Schalldichtung, Wärme- und Kältetechnik" aufmerksam geworden war. Ich bin in das in der Zeitung vermerkte Büro in der Wendel-Dietrich-Straße in München hineingegangen und ließ mir dort erklären, was für Materialien es zur Schalldichtung gibt. Ich sagte dem Mann, daß ich zu Hause eine Uhr hätte, die mir bei Nacht zu laut ging und deswegen [sic] ich ein schalldichtes Gehäuse bauen wolle. Daraufhin verkaufte er mir die erforderliche Fläche der erwähnten Masse in Plattenform. Für ungefähr 5 Musterblätter[60] in etwa der Größe 40 auf 20 cm zahlte ich ca. 1.— RM. Die beiden Uhren standen in einem allseits umschlossenen Kasten, aus dem nur durch zwei kleine Löcher die Drahtseile herausführten. Im Raum habe ich diesen Uhrenkasten mit Hilfe von 2 Eisenblechflanschen, d. h. Blechstreifen, die ich selbst fertigte, teils an der Holzverschalung, teils an einer stehengebliebenen Latte, die vorher unter dem Verputz lag, festgemacht.

Die Sprengstoffbehälter sowie das in einer Hälfte aus Holz, in der anderen Hälfte aus Blech (als Deckel) bestehende Gehäuse, in dem die Auslösungsvorrichtung, die Spannfeder, der eiserne Schlagklotz untergebracht und am Deckel die Patronenhülsen und die Sprengkapseln eingesetzt waren, habe ich im Raum nicht besonders befestigt. Dagegen waren das zuletzt erwähnte Gehäuse, sowie die Granathülse, die ihrerseits wieder mit dem einen der Uhrengewichte durch ein Eisenband verbunden war, fest miteinander verbunden durch zwei einerseits angenietete und andererseits festgeschraubte Blechstreifen.

Wie bereits erwähnt, waren die Uhren schon länger in meinem Besitz. Die Kammräder A für jede dieser beiden Uhren habe ich selbst angefertigt. Das Zahnrädchen K, das ich an beiden Uhren angebaut habe, stammt aus einem anderen Uhrwerk. (Ich hatte ja 5 oder 6 Uhrwerke mit nach München

genommen.) Die Rollen L1, L2, M und O habe ich nach meinen Angaben beim Dreher W. in München, Frauenstraße[61], aus Eisen drehen lassen. Bei diesem Handwerker habe ich im Laufe der Zeit noch folgende Teil anfertigen lassen, bezw. bearbeiten lassen:
Den Bolzen N, die Achsen für die verschiedenen Rollen, den Bolzen U, die Bohrungen in dem Klotz T, die Achse Q, sowie die Achse für das Kammrad A (doppelt), den Deckel mit Gewinde für die Granathülse, die Deckel mit Gewinde für die beiden Uhrengewichte, die Achse B.
Für alles zusammen bezahlte ich bei dem Dreher W. ungefähr 18.— RM. Ich hatte ihm gesagt, daß ich etwas ausprobieren wolle.
In einem offenen Laden für Drahtseile, Hanfseile usw. kaufte ich die beiden verwendeten 0,8 mm Drahtseile. Den Namen des Inhabers weiß ich nicht. Das Geschäft liegt in einer Parallelstraße zum Tal.

Vermerk: Nach der Beschreibung dürfte es sich um die Lederstraße handeln.

Dort kaufte ich sonst nichts. Preis: ca. 6—10 Pfg.
Bei dem Schlosser S. habe ich folgende Teile anfertigen bezw. bearbeiten lassen: Den 15 mm starken rechteckigen Deckel mit drei Bohrungen und einem breiten Rand aus starkem Eisenblech für das Gehäuse (halb Holz, halb Blech) des Zündapparates. Das Auflöten des Drahtseiles auf die Achse K (für eine Uhr. Für die andere Uhr war dies nicht notwendig. Dort habe ich es ohne Löten gut festmachen können.) Den Flacheisenrahmen um die Granathülse mit 3 Bohrungen, einer davon ein Gewinde. Preis: ca. 5.— RM.
Außerdem habe ich, wie bereits erwähnt, bei S. noch im Laufe der Monate meinen Meißel durch Anschweißen neuer Stücke dreimal verlängern lassen und außerdem einen

Spezialmeißel (für seitliche Fugen) anfertigen lassen. Preis: ca. 1.— RM.

Bei der Firma S., Eisenwarenhandlung, in München, Türkenstraße, habe ich folgende Teile fertig gekauft:

Die Spiralfeder V, 2 Schraubbolzen mit Mutter und eine Gewindeschraube für den Flacheisenrahmen und das Bandeisen an den Sprengstoffbehältern. Preis ca. 20—30 Pfg.

Eine Reihe von kleineren Schrauben habe ich in einem Schraubenspezialgeschäft in der Nähe des Viktualienmarktes (Name und genaue Lage des Geschäfts sind mir nicht mehr bekannt) zum ungefähren Preis von ca. RM 1.— gekauft.

In der Gießerei und Eisenhandlung K. in München, Rosenheimer Straße, habe ich den Klotz T mit dem notwendigen Schlitz nach eigenen Angaben (ohne Bohrung) gießen lassen. Der Sicherheit halber, d. h. für den Fall, daß mir ein Gußstück zerspringt oder ich es sonst wie beschädige, habe ich mir gleich 3 Stücke zum ungefähren Preis von RM 4.— bis 5.— machen lassen. — Ich wurde nicht gefragt, zu welchem Zweck ich dieses Stück benötige.

Die beiden Uhrengewichte habe ich in einer Dreherei und Schlosserei in der Nähe der Baderstraße (das Haus liegt neben einer alten Mühle, daneben befindet sich die Werkstatt eines Messingdrehers) ausbohren lassen. Dort habe ich auch in die Öffnungen der beiden Uhrengewichte je ein inneres Gewinde schneiden lassen. Preis nicht mehr erinnerlich[62].

Das Roheisen (massives Rundeisen) für die beiden Deckel der Uhrengewichte, die ich später drehen und mit Gewinde versehen ließ, was, wie schon erwähnt, W. gemacht hat, habe ich in einem Schraubengeschäft (Büroverkauf und Werkstatt) in der Reichenbachstraße (Hinterhaus) gekauft. Name nicht mehr erinnerlich. Neben dem Haus befindet sich ein Kassenschrankgeschäft. Preis ca. RM 0.80.

Das Roheisen (massives Rundeisen) für den Deckel der Granathülse, den ebenfalls W. später weiter bearbeitet [hat]

(Abdrehen und Gewindeschneiden), habe ich in einer Maschinenfabrik, deren Namen ich nicht mehr weiß, die aber am Glockenbach liegt, gekauft. Dorthin hatte mich W. geschickt, da er kein so starkes Rundeisen hatte, wie ich es für diesen Zweck brauchte. In der Fabrik wurde ich ebensowenig wie in sonstigen Geschäften, in denen ich irgendein Teil kaufte, gefragt, zu was ich dies benötige. Für das Roheisen habe ich ungefähr RM 1.30 bezahlt.
Sonstige Firmen oder Handwerker, außer den bis jetzt erwähnten, habe ich, soweit ich mich erinnern kann, nicht in Anspruch genommen.
Die Hebel P und K habe ich aus Resten des Türbeschlagbleches selbst geschnitten und zurechtgemacht. Die Nägel W habe ich eigenhändig in den Klotz T eingebohrt und in den Löchern etwas gestaucht. Die Bohrungen in den Deckeln der Granathülse und den beiden Uhrengewichten für die Sprengkapseln habe ich mit der Bohrwinde selbst gefertigt. Das Gehäuse für den Zündapparat, bestehend aus einer Holzrinne als unterer Teil und einem Blechdeckel als oberen Teil habe ich aus eigenem Holz bezw. Resten des Türblechs selbst gefertigt. Auch alle anderen, sonst für meinen Apparat benötigten Teile habe ich selbst gebaut.
Diese Arbeiten habe ich in der Schreinerwerkstatt des Schreinermeisters B., in der Türkenstraße 59, ausgeführt. Ich mußte dafür nichts bezahlen. Schreinermeister B., der allein arbeitet, hatte gerade in dieser Zeit einen schweren Schrank anzufertigen. Dabei, besonders beim Ab- und Aufbauen der einzelnen schweren Teile, habe ich ihm immer geholfen. Auch beim Abliefern des Schrankes beim Auftraggeber war ich behilflich. Eine besondere Freundschaft hat mich mit B., den ich vorher nicht kannte, nicht verbunden. Er war ein guter Mann und sehr entgegenkommend. Später, vom 1. bis 6. November, hatte ich ja sogar bei ihm meine Sachen in seiner Werkstatt kostenlos untergestellt und auch einige Nächte

in der Werkstatt geschlafen, d. h. natürlich mehr bei Tag, als bei Nacht. B. hat mich natürlich im Laufe der Zeit öfter gefragt, an was ich denn arbeite oder zu was ich denn das eine oder das andere brauche. Ich sagte ihm immer, das gäbe eine Erfindung. Auf seine weiteren Fragen sagte ich ihm, das sei vorerst geheim. Auf eine spätere Frage von B., ob das, was ich mache, denn so ein Uhrwerk gäbe, das morgens beim Wecken gleichzeitig auch das Licht anzünde, sagte ich: „Ja, so ähnlich!"

Als ich alles zusammengebaut und die Einzelteile einschließlich der Uhren auf ihre Wirksamkeit und Funktionieren mehrmals ausprobiert hatte, ohne natürlich Zündhütchen und Sprengkapseln oder gar Sprengstoff einzusetzen, *habe ich am Abend des 1. oder 2. November* (dies weiß ich nicht mehr genau) die Sprengstoffbehälter (Granathülse und ausgebohrte Uhrengewichte) zu Hause mit dem Sprengstoff, d. h. nur mit dem Schwarzpulver gefüllt, die Deckel zugeschraubt, in die Bohrungen die Sprengkapseln eingesetzt und diese *Sprengstoffbehälter, sowie den Zündapparat (im Gehäuse) in meinen Handkoffer gepackt und so in den „Bürgerbräu-Saal" verbracht.* Den Saal betrat ich seinerzeit von der Kellerstraße aus, durch die mir bekannte hintere Eingangstür, die meistens nicht verschlossen war und die lediglich von innen mit einem Vorhängeschloß abgeschlossen werden konnte. Von da aus begab ich mich auf dem hinteren Treppenaufgang auf die Galerie. Es war dies gegen 22 oder 23 Uhr. Lichter haben seinerzeit im Saal nicht gebrannt. Personen waren dort nicht anwesend.

Die Packung des Koffers habe ich im Lagerraum neben der Werkstatt des B. vorgenommen. Dort hatte ich meinen Holzkoffer, in dem bis dahin in Doppelboden und Geheimfächern immer noch Sprengstoff usw. verschlossen untergebracht war, hinterstellt. In dem Lagerraum war seinerzeit niemand anwesend. Es war dies nach Arbeitsschluß erfolgt. Ich hatte

einen Schlüssel zu dem Lagerraum im Besitz, den mir B. bei der Hinterstelllung meiner Sachen ohne Verlangen ausgehändigt hatte. Diesen Schlüssel gab ich an B. erst am 6. 11. zurück, als ich München verließ. Auch beim Wegtragen des Koffers wurde ich von niemandem beobachtet.
Auf der Galerie des „Bürgerbräukeller-Saales" öffnete ich auf die übliche Weise und unter dem Schein meiner mit blauem Taschentuch verhängten Taschenlampe die Tür zu dem von mir geschaffenen Hohlraum. In die hinterste Ecke dieses Hohlraumes (siehe Zeichnung 3) legte ich zuerst die Granathülse, um die ich bereits zu Hause schon auch den Bandeisenrahmen gezogen hatte. Auf der Granathülse hatte ich auch bereits zu Hause schon mit einem Blechstreifen (nicht eingezeichnet) eines der gefüllten Uhrengewichte befestigt, so daß dieser zweite Sprengstoffbehälter auf der Granathülse lag. Mittels des Flacheisens mit 2 Schraubbolzen und Muttern und der Gewindeschraube war auch bereits durch die Blechstreifen der viereckige Deckel mit breitem Aufsteckrahmen des Zündapparatgehäuses festgemacht. Als weiteres Stück fügte ich dann das Gesamtgehäuse des Zündapparates durch Einstecken der Holzrinne samt Blechdeckel in den Aufsteckrahmen ein. Dann legte ich, wie eingezeichnet, das zweite gefüllte Uhrengewicht lose neben die anderen Sprengstoffbehälter auf den Boden des Hohlraumes. Die Schlagbolzenvorrichtung, die ich Zündvorrichtung nenne, war natürlich gespannt und über die Hebel R und P durch den Bolzen N festgehalten.
Die Arbeiten an diesem Abend nahmen ungefähr 2 Stunden in Anspruch. Die weitere Nacht verbrachte ich im Bürgerbräu-Saal in meinem alten Versteck. Den Saal habe ich am nächsten Tage gegen 6.30 Uhr durch den rückwärtigen Ausgang der Kellerstraße zu wieder verlassen. Ich verbrachte die Nacht deswegen im „Bürgerbräukeller", da ich den Lagerraum des B. infolge des dort versperrten Durchganges nicht

mehr hätte betreten können. Den Koffer trug ich wieder bei mir. Auch bei meiner Rückkehr in den Lagerraum blieb ich unbeobachtet. Die Werkstatt mußte ich nicht passieren, um in den Lagerraum zu gelangen.
Das übriggebliebene Schwarzpulver, das in die Behälter nicht hineingegangen war, meinen gesamten Vorrat (104 Stück) Sprengpatronen, sowie den Rest (ca. 119 Stück) an Sprengkapseln sowie den übrigen, zahlenmäßig nicht mehr festzustellenden Teil von Gewehrmunition mitsamt den Bleikugeln habe ich an diesem Tag, also am 2. November, wie ich mich jetzt genau erinnere, abends in den Lagerraum des B., wo niemand anwesend war, in meinem Handkoffer verpackt und von der Kellerstraße aus über den rückwärtigen Eingang des „Bürgerbräu-Kellers" verbracht. Jeweils einige Patronen, einige Kapseln und Gewehrmunition hatte ich der Sicherheit halber in Zeitungspapier eingewickelt und so in den Koffer gelegt.
Auf der Galerie des Saales öffnete ich wieder die von mir geschaffene Tür, schob zuerst einige Päckchen der Schwarzpulvertabletten in einen Hohlraum unter dem Zündapparat, dann legte ich die Sprengkapseln in den Zwischenraum der Granathülse und der Wand und zum Schluß füllte ich den ganzen übrigen hinteren Raum der Höhle mit den Sprengpatronen samt der restlichen Gewehrmunition aus. Da ich von vornherein wußte, daß es mir nicht gelingen würde, diesen hinteren Hohlraum mit der Hand zu füllen, hatte ich schon vorher aus Holz eine ungefähr 50 cm lange löffelartige Zange selbst gefertigt. Auch dies geschah in der Werkstatt des B. Zur Zeit der Anfertigung und vor der Benutzung hat B. diese Zange nicht gesehen, höchstens vielleicht nachher, da ich sie nach Gebrauch in der Werkstatt habe liegen lassen, wo sie vielleicht heute noch liegt. Mit dieser Zange gelang es mir, auch den kleinsten und letzten Hohlraum im hinteren Teil der Höhle auch mit Sprengpatronen auszu-

füllen. Zum Schluß war schließlich der gesamte Raum auch über dem Zündapparat mit Ausnahme des für meinen Uhrenkasten erforderlichen Raumes vollständig mit Sprengmitteln ausgefüllt. *Inzwischen hatte ich bereits am Abend des 2. November (es dürfte vielleicht um 20 Uhr gewesen sein) die beiden Uhren auf genaue Uhrzeit gebracht und in Gang gesetzt.* Es war nicht erforderlich, die Uhren etwa um dieselbe Stundenzeit in Gang zu setzen, zu der sie sechs Tage später den Zündmechanismus auslösen sollten. Da der Anschlag C ein für allemal so auf dem Kammrad montiert war, daß bei einer Übereinstimmung meiner Uhren mit der Normaluhrzeit eine Zündung überhaupt nur entweder um 9.30 Uhr morgens oder um 9.30 Uhr abends möglich war, war es einerlei, zu welcher Stunde ich am 2. November zwischen 10.30 Uhr morgens und ungefähr 21.00 Uhr die Uhren in Gang setzte. Die richtige Stelle (für diese Zeit) der Anbringung des Anschlages C zwischen zwei Zapfen B hatte ich längst vorher durch Versuche festgestellt.
Die Nacht vom 2. auf 3.11.1939, als ich meinen Sprengstoff eingefüllt hatte, verbrachte ich ebenfalls bis gegen 6.30 Uhr in meinem Versteck. Auch beim Verlassen des Saales benutzte ich wieder den rückwärtigen Eingang und ging durch die Brauereianlagen zur Kellerstraße ins Freie. Hier blieb ich unbeobachtet.
Am 3.11. abends verpackte ich sodann die Uhren in ein Packpapier, das ich verschnürt hatte, und wollte sie vom Lagerraum des B. aus in den Bürgerbräukeller verbringen. Nachdem ich aber in den Saal nicht gelangen konnte, der von mir benutzte rückwärtige Eingang war an diesem Abend verschlossen, und nachdem mir ein Übernachten auch in dem Lagerraum des B. wegen des nachts abgesperrten Durchganges nicht möglich war, blieb ich nachts im Garten des „Bürgerbräukellers", wo ich mich unter einem Dach, wo die Bierfässer gelagert werden, aufhielt. Früh, 5.30 Uhr, ging ich

dann in den Lagerraum des B. zurück, die Uhr hatte ich bei mir. Zu Hause versicherte ich mich davon, daß an der Uhr nichts verrückt war.

Am 4.11.39 gegen 21.30 Uhr begab ich mich mit den Uhren, die ich wieder in gleicher Weise verpackt hatte, zum „Bürgerbräukeller".

Nachdem mir bekannt war, daß an diesem Abend, es war ein Samstag, in dem Saal eine Tanzveranstaltung stattfindet[63], habe ich den „Bürgerbräukeller" von der Rosenheimer Str. aus betreten, löste mir eine Eintrittskarte, ging in den Saal und begab mich auf die Galerie, wo ich die mitgeführten Uhren in meinem Versteck hinterstellt habe. Ich nahm auf der Galerie Platz, in der Nähe des Musikpodiums und sah von dort aus der Tanzveranstaltung zu. Gesellschaft hatte ich nicht. Bei Schluß der Tanzveranstaltung, es war dies am 5.11. gegen 1 Uhr, begab ich mich von meinem Platz aus in mein Versteck und wartete dort ab, bis der Saal geleert und abgesperrt worden war. Durch ein noch etwa halbstündiges Warten habe ich mich davon vergewissert, daß sich tatsächlich niemand mehr im Saale befand. Ich wollte sodann in die Säule die Uhren einbauen, mußte aber feststellen, daß der Vorraum, wo das Gehäuse eingesetzt werden sollte, zu schmal war. Trotzdem ich den Vorraum weiter ausgebrochen hatte, gelang es mir nicht, das Uhrgehäuse einzusetzen. Ich habe deshalb die Tür wieder geschlossen, verpackte wiederum meine Uhr und wartete in meinem Versteck den Taganbruch ab. Den Saal habe ich in der Frühe durch den seitlichen Notausgang bei der Küche, der inzwischen aufgesperrt worden war, verlassen. Ich ging durch die Brauhausanlagen zur Kellerstraße und von da aus in den Lagerraum des B. Dort habe ich die rückwärtigen Ecken des Uhrenkastens durch Absägen und Abraspeln abgerundet, meiner Schätzung nach mußte somit der Uhrenkasten in den Vorraum der Höhlung in der Säule des Bürgerbräusaales passen.

Am Sonntag Abend, 5.11.39, ging ich zwischen 21 und 22 Uhr mit dem verpackten Uhrengehäuse wiederum zum Bürgerbräu, den ich an diesem Tage ebenfalls vom Haupteingang in der Rosenheimer Str. aus betreten habe, nachdem auch an diesem Tage im Bürgerbräusaal eine Tanzveranstaltung stattfand. Auch diesmal löste ich mir eine Eintrittskarte und ging auf die Galerie, wo ich an dem gleichen Platz wie am Vortage der Veranstaltung zusah, nachdem ich das Gehäuse wieder in dem Versteck hinterlegt hatte. Bei Schluß der Tanzveranstaltung wartete ich in meinem Versteck wiederum die Leerung und Absperrungen des Saales ab. Dabei war ich von niemanden beobachtet worden. An diesem Tag war die Tanzveranstaltung bereits gegen 24 Uhr geschlossen worden. Nach ungefähr einer halben Stunde *begab ich mich mit den Uhren von meinem Versteck aus an die Säule, öffnete die Türe und stellte durch Einsetzen des Uhrgehäuses in den Vorraum der Höhle fest, daß dieses nunmehr passend war.* Das Uhrgehäuse habe ich, wie bezeichnet, mit Blechstreifen befestigt. Anschließend habe ich die Drahtseile, die ich bereits, wie schon erwähnt, in der Nähe ihrer Enden leicht zusammengeklemmt hatte, in die Öse des Haltebolzens N eingeführt und durch Zusammendrehen des freien Endes festgemacht. Die Drahtseile waren also leicht gespannt.
Zum Schluß mußte ich noch die beiden Uhren, die auf dem Transport selbstverständlich stehen geblieben waren, wieder in Gang setzen und die Uhrzeit auf diesen Uhren durch Vergleich mit einer Taschenuhr wieder richtigstellen. Dazu habe ich die Vorderseite des Uhrenkastens, die ich vorsorglich ebenfalls als Türe ausgebaut hatte, geöffnet, später wieder verschlossen *und damit der Sache ihren freien Lauf gelassen.*
Ich hatte vergessen zu erwähnen und auf den Zeichnungen einzutragen, daß ich für diese Zwecke des Transportes in den letzten Tagen des Baues noch eine Sicherungsschraube eingebaut hatte. Diese Sicherungsschraube mit Muttern festge-

stellt, verhinderte für den Fall, daß sich der Bolzen N während des Transportes verschob, ein Zurückschnellen des Hebels P und damit eine Auslösung des Zündmechanismus. Diese Sicherungschraube mußte ich natürlich, nachdem ich die Drahtseile angeschlossen hatte, vorher lösen, ehe ich die äußere Tür zum letzten Male verschließen wollte.
Mit diesen Arbeiten war ich am 6.11.39 früh 6 Uhr zu Ende.
Ich habe mich anschließend ungefähr noch ½ Stunde in meinem Versteck aufgehalten und dann den Saal durch den seitlichen Notausgang bei der Küche, der inzwischen aufgesperrt worden war, verlassen. Die Anlagen des „Bürgerbräukellers" habe ich durch die Kellerstraße verlassen, begab mich an den Isartorplatz, wo ich an dem dort befindlichen Kiosk eine oder zwei Tassen Kaffee getrunken habe, und von hier aus ging ich in den Lagerraum des B., um dort meine Sachen für die Abreise in Ordnung zu bringen.
Wie ich bereits früher angegeben habe, ist mir bereits im Herbst 1938 bekanntgeworden, daß alljährlich diese Veranstaltungen am 8. u. 9. November in München stattfinden und daß an diesen Feierlichkeiten die Führung teilnimmt. Ich vermute, daß ich mein Wissen aus den Tageszeitungen habe. Es kann auch möglich sein, daß ich dies sonst irgendwie erfahren habe. Ich kann mich daraufhin nicht mehr besinnen. Es war mir nicht bekannt, daß eine Absage dieser Feiern in diesem Jahre geplant war, auch wußte ich nicht, daß ursprünglich der Führer [nicht] an dieser Feier teilnehmen sollte. Hierüber habe ich weder etwas gelesen, noch irgend etwas gehört. Während meines Aufenthaltes in München habe ich nur selten Zeitungen gelesen, hierzu hatte ich fast keine Zeit. Ich kann mich nicht entsinnen, ob ich im November 1939 noch eine Tageszeitung gelesen habe[64].
Anfang Oktober 1939 war ich einige Tage bettlägerig. Aus unbekannten Gründen hatte damals mein rechtes Knie geeitert. Ich stand deswegen ungefähr 2–3 Wochen bei dem

prakt. Arzt Dr. H. in der Wörthstr. in ärztlicher Behandlung. Diese Krankheit hat mich einige Zeit damals an der Vornahme von Arbeiten im Bürgerbräukeller gehindert. Gepflegt wurde ich s. Zt. von meiner Hausfrau L. Das Zimmer bei L. habe ich am 1. 11. 39 aufgegeben, nachdem ein längerer Aufenthalt in München für mich nicht mehr in Frage kam. Wenn ich gewußt hätte, daß meine Vorarbeiten im Bürgerbräukeller am 1. 11. noch nicht fertig waren, wäre ich noch länger dort wohnhaft geblieben. Am 15. 10. hatte ich bei L. gekündigt. Diesem erklärte ich lediglich, daß ich wieder nach Hause gehen würde. Es kann möglich sein, daß sie sich erkundigt haben, ob ich mit meinen Erfindungen fertig bin, bestimmt weiß ich dies jedoch nicht mehr. Wenn dies der Fall war, so habe ich sicherlich mit „ja" geantwortet. Meine bei L. untergebrachten Sachen brachte ich selbst am 1. 11. 39 mit dem Zweiräderhandwagen des B. von L. weg und stellte diese mit Einverständnis des B. in seinem Lagerraum unter. B. hatte ich mitgeteilt, daß ich bei L. zum 1. 11. gekündigt habe, daß ich aber erst in ein paar Tagen heimfahren könne. Einen Grund habe ich nicht angegeben. Auf mein Bitten hin hat er ohne weiteres gestattet, die Sachen in seinem Lagerraum zu hinterstellen. Er hat mir hierzu, wie bereits erwähnt, auch einen Schlüssel ausgehändigt. Meine Wäsche, Kleidung und mein Werkzeug habe ich bereits bei Lehmann in 3 Kisten verpackt und am 1. 11. zur Bahn gebracht, wo ich sie am 2. 11. an meine Schwester M. in Stuttgart abgesandt habe[65]. Ich hatte also nur noch den Holzkoffer bei mir, in dem sich Kleidungsstücke von mir befanden.

Am 6. 11. 39 habe ich München verlassen. Ich fuhr nach 10 Uhr mit dem Personenzug vom Hauptbahnhof in München nach Ulm ab, stieg dort in einen Schnellzug um. Ich hatte sofort Anschluß und fuhr nach Stuttgart weiter. Ich trug einen graublauen Anzug mit langer Hose und einen schwarzgrauen doppelreihigen Mantel und einen grauen Hut mit schwarzem

Band. Als Handgepäck führte ich den braunen Reisekoffer und 2 Pakete mit mir, den Holzkoffer hatte ich als Reisegepäck noch aufgegeben. B. habe ich erklärt, daß ich nach Hause fahre. Ich habe mich bei ihm für sein Entgegenkommen bedankt und er sagte auch mir Dank für die Hilfe, die ich ihm bei den Arbeiten geleistet habe.

Ich kann mich nicht entsinnen, daß ich mit weiteren als den genannten Personen während meines Aufenthaltes in München in Verbindung gekommen bin. Den Hausburschen R. und das Servierfräulein L. habe ich in dieser Zeit ebenfalls nie zu Gesicht bekommen. Von diesen habe ich auch nie mehr etwas gehört. Post habe ich während meines Aufenthaltes in München lediglich von Georg S. und Frau H. [erhalten], d. h. die Briefe waren nicht von Georg, sondern von Ruth geschrieben. Es handelte sich um einen belanglosen Briefwechsel. Die Briefe der H.[66] waren Liebesbriefe. Ferner habe ich, wie bereits erwähnt, an meine Schwester M. nach Stuttgart einen Brief gesandt, auf den sie mir nach München geantwortet hat. Postlagernd habe ich in München keine Sendungen empfangen.

Das einzige Postamt, an das ich mir Postlagersendungen schikken ließ, war in Heidenheim. Dort habe ich, als ich im August nach München verzog, keinen Nachsendeantrag gestellt. Ich kann mich wenigstens, trotzdem mir die Aussagen der Postbeamten in Heidenheim vorgehalten werden, mit dem besten Willen nicht daran erinnern. Während meines damaligen Aufenthaltes in der Heimat ließ ich mir von der Frau H., die mir ungefähr alle 3 Wochen einmal geschrieben hat, die Post deswegen nicht nach Hause schicken, weil ich vor der Maria S. und früher vor meinen Eltern es nicht gerne wahrhaben wollte, daß ich mit der Frau, die meinetwegen geschieden worden ist, noch im Verkehr stehe. Während der Zeit, in der ich nicht mehr in Heidenheim beschäftigt war, habe ich immer wieder bei Besuchen in Heidenheim mit dem Fahr-

rad auf dem dortigen Postamt nach Eingängen für mich gefragt. Außer den Briefen von Frau H. habe ich unter der Postlageradresse noch ziemlich regelmäßige Sendungen von einem Lotteriegeschäft in Hamburg bekommen, bei dem ich schon längere Zeit mit einem Achtellos in der Klassenlotterie spielte. In dieser Lotterie bin ich übrigens meistens gerade herausgekommen. Einige Male gewann ich den Einsatz, andere Male 15.— RM, 30.— RM und 38.— RM.
Es fällt mir übrigens noch ein, daß ich auch noch andere Briefe postlagernd Heidenheim erhalten habe. Als ich mich, noch in der Armaturenfabrik Heidenheim beschäftigt, schon mit dem Gedanken trug, in einiger Zeit nach München zu übersiedeln, dachte ich daran, daß ich unter Umständen durch das Arbeitsamt bei der Aufgabe meiner Stellung in Heidenheim Schwierigkeiten bekommen könnte. Es ist ja heute so, daß man nicht mehr ohne weiteres irgendwoanders Arbeit nehmen kann, wenn man will. Ich habe deshalb seinerzeit und nur aus diesen Gründen brieflich bei den „Münchner Neuesten Nachrichten" eine Heiratsanzeige des Inhalts aufgegeben, daß ein „Herr Fräulein oder Witwe mit eigener Wohnung suche". Ich dachte nicht daran, tatsächlich zu heiraten oder gar eine Braut etwa später mit in die Schweiz zu nehmen. Ich wollte lediglich, falls ich Schwierigkeiten beim Arbeitsamt wegen meines Umzugs nach München bekommen sollte, irgendeinen Brief vorzeigen können, aus dem hervorgegangen wäre, daß ich mich in München mit einer Frau zu verheiraten gedenke, die dort eine Wohnung hat, in der wir beide wohnen können.
Ich erhielt seinerzeit tatsächlich zwei Briefe, die unter Chiffre bei der Zeitung eingegangen waren. Vorsorglich habe ich auf beide Briefe geantwortet. Beide Frauen, deren Namen ich bestimmt nicht mehr weiß, schrieben mir zurück. Ich antwortete aber dann nicht mehr, weil ich inzwischen erfahren hatte, daß mir bei dem beabsichtigten Umzug nach München keine

Schwierigkeiten gemacht würden und damit die Sache für mich bedeutungslos war. Dieser Briefwechsel erfolgte meinerseits unter der Adresse: Georg Elser, postlagernd Heidenheim. Auch ein Brief der Anzeigenabteilung der Zeitung ging in dieser Sache unter der Postlageradresse bei mir ein.
Sonstige Sendungen außer den obengenannten habe ich nie, weder in Heidenheim, noch sonst irgendwo postlagernd erhalten. Wenn ich in diesem Zusammenhang danach gefragt werde, ob ich einen gewissen K. in Königsbronn gekannt hätte, so kann ich nur sagen, daß er mir nur dem Namen nach und von seinem Autounfall her, bei dem er glaublich [sic] mit seiner Frau zusammen tödlich verunglückt ist, bekannt war. Ich glaube nicht, daß ich ihn jemals gesehen hatte. Gesprochen hatte ich jedenfalls mit ihm nie[67].
Vom Postamt Heidenheim wurden mir später keine Briefe nachgesandt. Ich hätte auch gar nicht gewußt, von wem, denn in der Klassenlotterie spiele ich nicht mehr, und Frau H. hatte ich von meinem Umzug nach München mit der Angabe der dortigen Adresse verständigt. Was ich der Frau H. seinerzeit über den Grund der Übersiedlung nach München gesagt habe, fällt mir nicht ein. Den wahren Grund jedenfalls nicht[68].
In Stuttgart habe ich mich am 6. und 7. 11. 1939, wie bereits angegeben, bei meiner Schwester M. aufgehalten. Die Angaben, die ich über diesen Besuch bereits im Zusammenhang mit den Angaben über die Beziehungen zu meinen Geschwistern gemacht habe[69], sind mir noch erinnerlich und entsprechen den Tatsachen. Diese Angaben wurden mir soeben vorgelesen. Ich halte sie auch heute noch aufrecht. Mehr habe ich diesen nicht hinzuzufügen.
Wie bereits erwähnt, hatte ich den Entschluß, nochmals nach München zurückzufahren, bereits einige Tage früher, nämlich schon in München, ehe ich nach Stuttgart fuhr, gefaßt. Ich wollte unter allen Umständen, nachdem ich mit dem Einbau der Uhr so spät, nämlich 2 Tage später als ich ursprünglich

geglaubt hatte, fertig geworden war, noch einmal nachsehen, ob die Uhr nicht vielleicht doch stehen geblieben war. Nach dem Aufstellen der Uhren hatte ich ja am 6. 11. 1939, nachdem ich sie wieder in Gang gesetzt und gerichtet hatte, nur noch eine halbe Stunde Zeit, ehe ich den Saal des Bürgerbräukellers wieder verlassen mußte. Ich wollte aber sicher gehen und bin deswegen nochmals nach München gefahren[70].
Um die Fahrt nach München antreten zu können, bat ich meine Schwester M. am 7. 11. um Überlassung von 15.— RM, worauf sie mir 30.— RM geschenkt hat[71]. Von meinen ganzen Ersparnissen hatte ich zu dieser Zeit nur noch 10.— RM. Diese waren bei meinem Münchener Aufenthalt durch die Lebenshaltung und die Anschaffung der Gegenstände für meinen Apparat bis auf die 10.— RM restlos aufgegangen[72]. Verdienst hatte ich in München keinen. Mit Ausnahme des Trinkgeldes von Frau B. erhielt ich von niemandem irgendwelche Zuwendungen. Solche wurden mir auch von niemanden in Aussicht gestellt.
Ich fuhr am 7. 11. 1939 gegen 16 Uhr mit dem Schnellzug von Stuttgart nach München, wo ich gegen 21 oder 21 Uhr 30 im Hauptbahnhof ankam. Ich trug auch die gleiche Kleidung wie auf der Fahrt nach Stuttgart. Ich war allein und habe keinerlei Reisebekanntschaften gemacht. Ich führte lediglich eine Beißzange, das Kippmesser und die Sachen, die bei meiner Festnahme vorgefunden wurden, bei mir. Diese Sachen hatte ich in den Taschen meiner Kleidung verborgen. Ferner hatte ich noch ein Paket, in dem sich ungefähr ein halbes Pfund Wurst befand. Vom Hauptbahnhof München aus begab ich mich direkt zum Bürgerbräukeller. Ich bin dorthin mit der Straßenbahn gefahren. Es war ungefähr 22 Uhr, als ich dort eingetroffen bin. Durch den Haupteingang in der Rosenheimer Straße ging ich durch den Garderobenraum in den Saal, der leer und nicht beleuchtet war. Ich bemerkte nicht, daß ich dabei von irgend jemand beobachtet worden

wäre. Ich habe niemanden gesehen. Die Saaltür war nicht versperrt. *Im Saal begab ich mich sofort auf die Galerie und horchte an der Türe der Säule, ob die Uhrwerke sich noch im Gang befinden.* Das Ticken der Uhren konnte ich dadurch, daß ich mein Ohr an die Tür gepreßt hatte, ganz leise hören. *Darauf öffnete ich mit dem Kippmesser die Türen, öffnete die Tür zu dem Uhrgehäuse und vergewisserte mich mit meiner Taschenuhr, ob die Uhrwerke nicht vor oder nachgehen. Die Uhr ging richtig.* Ich hatte also an den Werken nichts zu richten. Daraufhin verschloß ich beide Türen und die Nacht verbrachte ich wieder in meinem alten Versteck. Während dieser Nacht hat eine Kontrolle des Saales durch irgendeine Person nicht stattgefunden. Nach dem Aufsperren der Saaltüren, das ich durch die Aufsperrgeräusche vernehmen konnte, habe am 8. 11. 1939 gegen 6 Uhr 30 den Saal durch den seitlichen Notausgang bei der Küche verlassen. Ich habe mich durch die Kellerstraße wieder in das Innere der Stadt begeben, trank am Kiosk am Isartor 2 Tassen Kaffee und begab mich darauf in die Türkenstraße zu dem Schreinermeister B., von dem ich mich nochmals verabschieden wollte. Es war dies gegen 8 Uhr früh. Nachdem Schreinermeister B. nicht zu Hause war, ging ich zu meiner ehemaligen Hausfrau L. und erkundigte mich dort, ob noch Post für mich eingegangen war[73]. Dies war nicht der Fall. Über den Zweck meines Aufenthaltes in München wurde dabei nichts gesprochen. Ich glaube auch nicht, daß ich ihr über meine Reiseabsichten irgend etwas gesagt habe. Von der Frau L. aus begab ich mich *direkt zum Hauptbahnhof München, wo ich mir eine Fahrkarte 3. Klasse für die Strecke München–Ulm–Friedrichshafen–Konstanz löste. Die Fahrt kostete ungefähr 11.– RM.* Bis Ulm bin ich im Personenzug gefahren, ab Ulm habe ich den Schnellzug benutzt. Die Abfahrt war in München gegen 10 Uhr erfolgt. Irgendwelche Bekanntschaften habe ich auch an diesem Tage nicht gemacht.

Etwa um 18 Uhr kam ich auf dem Hafenbahnhof Friedrichshafen an. Bis zum Abgang des Anschlußdampfers nach Konstanz hatte ich dort dreiviertel Stunden Aufenthalt. In der Zwischenzeit suchte ich einen Friseur auf, um mich dort rasieren zu lassen. Ich begab mich vom Hafenbahnhof rechts die Hauptstraße entlang und fand in der ersten oder zweiten Quergasse rechts, etwa 60 m von der Hauptstraße entfernt, einen Friseurladen. Dort habe ich mich rasieren lassen. Da außer mir noch einige Kunden in dem Laden waren, kam ich erst nach einer halben Stunde wieder raus. Von da ging ich direkt zum Hafenbahnhof zurück und fuhr mit dem Dampfer weiter nach Konstanz. Weder im Zug noch auf dem Dampfer habe ich Reisebekanntschaften gemacht. Auch während meines Aufenthaltes in Friedrichshafen habe ich keine Bekannten getroffen und mich mit niemand unterhalten.
Etwa um 21 Uhr[74] *kam der Dampfer, der wegen Nebels Verspätung hatte, in Konstanz an. Ich wollte, ohne irgendwelchen Aufenthalt zu nehmen, auf dem möglichst direkten Wege die Grenze nach der Schweiz überschreiten.*
In diesem Zusammenhang muß ich erwähnen, was ich früher bei meiner Vernehmung nicht gesagt hatte, daß ich im Herbst 1938, kurz nach dem Entschluß zur Tat, bereits einmal von Königsbronn aus direkt nach Konstanz und wieder zurück nach Königsbronn nur zu dem Zwecke gefahren war, um festzustellen, ob die Grenze etwa stärker besetzt sei wie in jenen Jahren, in denen ich in Konstanz gelebt habe. Wenn ich gefragt werde, ob ich meinen Entschluß aufgegeben oder trotzdem die Tat ausgeführt hätte, falls ich die Grenze so stark besetzt gefunden hätte, daß mir ein illegaler Übertritt fast unmöglich erschienen wäre, so kann ich diese Frage nicht beantworten, d. h., ich weiß das nicht, was ich dann gemacht hätte. Tatsächlich beobachtete ich aber im Herbst 1938, daß die Grenze nicht stärker besetzt war wie in den Jahren 1925 bis 1930.

Auf meiner Flucht habe ich von der Dampfer-Anlegestelle aus folgenden Weg genommen: Marktstätte, Rosgartenstraße, vorbei an der Dreifaltigkeitskirche zum Bodanplatz, dann weiter durch die Hüetlinstraße, Kreuzlingerstraße, Schwedenschanze, Wessenberggarten. Irgendwelche Hindernisse hatte ich auf diesem Wege nicht zu überwinden. Beim Eingang von der Schwedenschanze aus in den Wessenberggarten habe ich ein kleines Gartentor, das aber nicht versperrt war, durchschritten. *Als ich in diesem Garten auf der Höhe des Wes[s]enberghauses war, wurde ich angerufen, habe daraufhin auch sofort gehalten und wurde dann von einem Beamten, der mir zuerst alles abnahm, was ich in der Tasche hatte, in ein Dienstzimmer verbracht, wo ich festgenommen wurde.* Wenn ich gefragt werde, was mein erster Gedanke in diesem Augenblick war, so muß ich zugeben, daß ich mich im ersten Augenblick über mich selbst und meinen Leichtsinn geärgert habe. Ich dachte, wäre ich doch nicht einfach so darauf zugelaufen, sondern hätte ich doch wenigstens zuerst genau Umschau gehalten, ehe ich auf die Grenze zuging.
Welches meine weiteren Gedanken waren, weiß ich wirklich nicht mehr.
Die bereits erwähnten Zünderteile, die ich bei meiner Festnahme in der Tasche hatte, waren wirklich nur zufällig darin. Ich hatte sie in München einmal in der Tasche meines blauen Arbeitsanzuges gefunden, wo sie offenbar noch ohne mein Wissen seit meiner Beschäftigung in der Armaturenfabrik Heidenheim sich befanden[75]. Ich habe diese kleinen Teile damals in die Tasche meines Anzuges gesteckt, in der Absicht, sie wegzuwerfen. Bei meiner letzten Abreise aus München dachte ich noch daran, sie in die Isar zu werfen, vergaß dies aber und wollte sie dann in den Bodensee werfen. Aber auch dort hatte ich dies vergessen und so befanden sie sich noch in meiner Tasche.
Die Beißzange, die bei mir gefunden wurde, hatte ich mit

voller Absicht zu mir gesteckt, um etwaige Stacheldrahthindernisse an der Grenze durchschneiden zu können.

Vermerk: Bezüglich der Notizblätter wird auf die bereits gemachten Angaben verwiesen[76]. Diese Angaben wurden dem E. nochmals vorgelesen.

Er gibt an:
Ich erkenne diese Angaben, die mir eben verlesen worden sind, auch heute noch als richtig an.
Das RFB.-Abzeichen, das ich bei meiner Festnahme unter dem Rockaufschlag angesteckt trug, stammt aus der Zeit meiner Zugehörigkeit zum RFB.[77] während meiner Konstanzer Zeit. (F., der mich damals in den RFB. gebracht hat, ist übrigens vor 1930 schon verstorben.) Das Abzeichen befand sich offenbar seit jener Zeit, ohne daß ich es zwischendurch gesehen hatte, bei meinen alten Sachen. Erst beim Aufräumen in München habe ich es wieder gefunden. Wenn ich gefragt werde, warum ich es nicht weggeworfen habe, so erinnere ich mich, gedacht zu haben „das steckst' aus alter Erinnerung an". Ob dies bereits kurz vor dem 6. November oder erst am 8.11.1939 war, weiß ich nicht mehr bestimmt. Es muß aber eigentlich in den letzten Tagen vor dem 6.11.1939 gewesen sein, denn am 8.11.1939 hatte ich ja bereits meine Sachen, außer dem, was ich über die Grenze nehmen wollte, nicht mehr bei mir. Irgendwelchen bestimmten Zweck, etwa der besseren Aufnahme in der Schweiz, verfolgte ich mit dem Anstecken des Abzeichens nicht[78].
Seit meiner Festnahme bis heute habe ich an Flucht nicht gedacht, ich hielt dies für aussichtslos. Ich gebe allerdings zu, daß ich in München in der Zelle die Gitterstäbe angesehen habe, aber ernstliche Fluchtgedanken hatte ich dort auch nicht. Auch Selbstmordgedanken hatte ich bis heute keine und habe auch im Augenblick keine.

C) Einstellung zur Tat

Frage: „Was haben Sie gedacht, als Sie in der Nacht vom 7. auf 8. November zum letztenmal Ihr Werk in Augenschein genommen und die Türen verschlossen haben?"
Antwort: „Da kann ich mich nicht mehr daran erinnern."
Frage: „Wie hatten Sie sich damals die Auswirkungen des Anschlags vorgestellt?"
Antwort: „Das hatte ich mir schon vorher einige Male überlegt."
Frage: „Dachten Sie daran, daß eine Reihe von Personen getötet werden könnten?"
Antwort: „Ja."
Frage: „Wollten Sie das? Und wen wollten Sie treffen?"
Antwort: „Ja. Ich wollte die Führung treffen."
Frage: „Blieb in Ihnen dieser Wille während der ganzen Ausführung bzw. Vorbereitung der Tat bestehen, oder kamen Ihnen zwischendurch auch Zweifel über Ihre Handlungsweise?"
Antwort: (Nach langem Überlegen.) „Das weiß ich nicht mehr, ob mir einmal Zweifel kamen oder nicht. Ich glaube aber, es kamen mir keine."
Frage: „Wie stellen Sie sich heute zu dem, was Sie getan haben, nachdem Sie, obwohl Ihr Plan fehlschlug, 8 Menschen getötet haben?"
Antwort: „Ich würde das nie mehr tun."
Vorhalt: „Das ist keine Antwort auf meine Frage."
Antwort: „Der Zweck ist nicht erreicht."
Frage: „Ist es Ihnen denn gleichgültig, ob Sie 8 Menschen vom Leben zum Tode gebracht haben?"
Antwort: „Nein, das ist mir nicht gleichgültig."

Frage: „Was würden Sie machen, wenn Sie heute aus irgendeinem Grunde freigelassen würden?"
Antwort: „Ich würde versuchen, wieder gut zu machen, das, was ich Schlechtes getan habe."
Frage: „Wodurch und wie?"
Antwort: „Indem ich mich bemühen würde, mich in die Volksgemeinschaft zu finden und mitzuarbeiten."
Frage: „Könnten Sie das?"
Antwort: „Ich habe meine Ansicht geändert."
Frage: „Dadurch, daß Sie festgenommen worden sind?"
Antwort: „Nein, ich glaube bestimmt, daß mein Plan gelungen wäre, wenn meine Auffassung richtig gewesen wäre. *Nachdem er nicht gelungen ist, bin ich überzeugt, daß es nicht gelingen sollte und daß meine Ansicht falsch war.*"

Selbst gelesen, genehmigt und unterschrieben:

gez. Georg Elser.

Geschlossen:

gez. K.   gez. Sch.   gez. S.
Kriminalkommissare.

Anmerkungen zum Protokolltext

[1] Elsers Mutter sagte nach dem Kriege aus, ihr Sohn habe in der Schule gut gelernt, gute Zeugnisse gehabt und sei ein folgsamer, fast zu ruhiger Junge gewesen. Vgl. Akten des LG München II (künftig zitiert unter der Signatur des Archivs des Instituts für Zeitgeschichte München: Gm 07.71) Bl. 40 R. Bei diesen Akten handelt es sich um die Ergebnisse von Ermittlungen, die die Staatsanwaltschaft München II im Jahre 1950 über die Ermordung Elsers im Konzentrationslager Dachau anstellte. Im Verlauf dieser Ermittlungen wurden Angehörige und Bekannte Elsers sowie ehemalige Zoll- und Gestapobeamte polizeilich vernommen, die seinerzeit mit dem Fall Elser befaßt waren (vgl. dazu Hoch, a. a. O., S. 394, Anm. 36).

[2] Nachkriegsaussagen bestätigen, daß Elser mit der Mehrzahl seiner Verwandten verfeindet war. Vgl. auch unten S. 40, 42, 97 und 118 (Hoch, a. a. O., S. 396).

[3] Laut Angaben seiner Schwester fand dieser erste Aufenthalt im Jahre 1937 statt (Gm 07.71 Bl. 28).

[4] Zweck und nähere Umstände dieses Besuchs, den Elser seiner Schwester nach Beendigung der Arbeiten im Bürgerbräukeller abstattete, werden erst im Zusammenhang mit seiner Schilderung der Attentatsvorbereitungen verständlich (s. unten S. 147 und 150).

[5] Elsers Aussagen über diesen Besuch wurden nach dem Kriege von seinem Schwager bestätigt, der allerdings angab, er habe das Gepäck mit Elser und dem Dienstmann zusammen zur Wohnung gebracht. H. teilte ferner mit, Elser habe auf die wiederholte Frage nach seinem Vorhaben nur geantwortet, er gehe „auf Wanderschaft" (Gm 07.71 Bl. 29).

[6] Welche Bewandtnis es mit diesem Holzkoffer hatte, der Elser als Versteck für Sprengmaterial diente, darüber s. unten S. 39, 102 f., 111 und 140.

[7] Über diese Fahrt und ihre Motive s. unten S. 150 ff.

[8] Zu diesem Zerwürfnis vgl. S. 97 und Anm. 24.

[9] Daß Elser ein ausgesprochener Einzelgänger war und schwer Freundschaften oder auch nur Bekanntschaften schloß (vgl. S. 45, 48, 49, 56, 66, 69, 71, 89, 95, 118, 151, 152), wurde von allen

Personen, die mit ihm in Berührung gekommen waren, bezeugt (s. Hoch, a. a. O., S. 396; Gm 07.71 Bl. 33 R, 40 R).

9a G. behauptete demgegenüber, Elser habe vom 2. 7. bis 17. 11. 1934 und vom 2. 6. bis 21. 9. 1935 bei ihm gearbeitet (Zeugenschrifttum des Instituts für Zeitgeschichte München, Sign. ZS/A-17 Nr. 12).

10 Diese Bekanntschaft wurde nach dem Kriege durch Maria S. und ihre Mutter bestätigt (Gm 07.71 Bl. 47).

11 Daß Elser keine Bücher und auch nur unregelmäßig solche Zeitungen las, die er zufällig irgendwo vorfand, wurde von seinen Angehörigen und Bekannten bezeugt (s. Hoch, a. a. O., S. 396). Über die Folgen dieses mangelnden Interesses an regelmäßiger Information vgl. S. 146, Anm. 64.

12 Zu diesem Unfall vgl. S. 103 f. und Anm. 30.

13 Dieses Verhältnis und Elsers Vaterschaft wurden nach dem Kriege von seinen Angehörigen bestätigt (Gm 07.71 Bl. 41, 44, 49).

14 Roter Frontkämpferbund, ein 1924 gegründeter Wehrverband der Kommunistischen Partei Deutschlands.

15 Elsers Desinteresse an politischen Ideologien (s. auch S. 79), an Mitarbeit in politischen Organisationen und an politisch gefärbten Diskussionen, soweit sie nicht die unmittelbaren Lebensverhältnisse betrafen (vgl. S. 81), wird durch Zeugenaussagen bestätigt (s. Hoch, a. a. O., S. 396; Gm 07.71 Bl. 28 R, 40 R).

15a Die Effektivlöhne lagen bis 1938 tatsächlich unter dem Niveau des Jahres 1929. Zur Lohnentwicklung in der nationalsozialistischen Zeit s. Gerhard Bry, Wages in Germany 1871–1945, Princeton 1960, S. 233 ff., und Dieter Petzina, Autarkiepolitik im Dritten Reich, Stuttgart 1968, S. 166 ff.

16 Es handelte sich um die ultimative Forderung Hitlers auf Abtretung des Sudetenlandes an Deutschland im September 1938, hinter der die Absicht einer militärischen Unterwerfung der Tschechoslowakei stand. In der Tat konnte damals ein europäischer Krieg durch das Münchener Abkommen vom 29. 9. 1938 zwischen Deutschland, England, Frankreich und Italien noch einmal vermieden werden, das die Übergabe der geforderten Gebiete an Deutschland vorsah.

17 Daß Elser seine Motive nicht aus der Rückschau auf die außenpolitische Entwicklung interpretierte, beweist die Tatsache, daß er mit den Vorbereitungen für das Attentat im Spätherbst 1938 (s. S. 85 ff.) begann – also lange bevor Hitler den nächsten Schritt

tat und durch die Besetzung Prags im März 1939 das Münchener Abkommen brach.

[18] Daraufhin wurde Elsers Wirt S. von der Gestapo vorgeworfen, daß er mit Elser zusammen Auslandssender abgehört habe. S. war deshalb aber nur kurz in Haft (Gm 07.71 Bl. 47 R); das Abhören dieser Sender wurde erst durch die „VO über außerordentliche Rundfunkmaßnahmen" vom 1. 9. 1939 (als Elser nicht mehr bei S. wohnte) strafbar.

[19] Elser hatte seinerzeit Maria S., die er als Arbeitskollegin in der Firma W. in Heidenheim kennengelernt hatte (vgl. Anm. 10) und zu deren Eltern er im Mai 1939 nach Schnaitheim zog, von dieser Reise und seinem Besuch im Bürgerbräukeller erzählt (s. Hoch, a. a. O., S. 398).

[20] In den Unterlagen des Quartieramtes der NSDAP konnte die Sonderkommission den Namen Elsers später tatsächlich ermitteln (s. Hoch, a. a. O., S. 398).

[21] Die Verwendung von gepreßtem Schwarzpulver wurde durch die starke Rauchentwicklung bestätigt, die die Augenzeugen der Explosion im Bürgerbräukeller beobachteten (Gm 07.71 Bl. 37 R).

[22] Richtige Schreibweise: Haidhausen, jener Stadtteil Münchens rechts der Isar, in dem der Bürgerbräukeller liegt.

[23] Laut Meldung des Deutschen Nachrichtenbüros soll neben der Gegenüberstellung mit den Angestellten des Bürgerbräukellers vor allem die Tatsache, daß Elser dieses Versprechen vorgehalten werden konnte, am 14. 11. 1939 zu seinem Geständnis gegenüber der Sonderkommission geführt haben (DNB-Dienst vom 24. 11. 1939, Bl. 41).

[24] Elsers Bruder L. gab als Grund des Zerwürfnisses an, Elser habe keine Miete zahlen wollen, obwohl nur die Eltern und L. als Eigentümer des Hauses eingetragen gewesen seien. Ferner hätten die Eltern nicht dulden wollen, daß Elser seine Geliebte, eine geschiedene Frau, mit auf sein Zimmer nahm (Gm 07.71 Bl. 49 R).

[25] Elsers Wohnungswechsel am 4. Mai 1939 konnte 1962 anhand der Unterlagen der zuständigen Bürgermeisterei bestätigt werden (s. Hoch, a. a. O., S. 399).

[26] Diese Angaben wurden nach dem Kriege von Frau S. als zutreffend bezeugt (Gm 07.71 Bl. 47).

[27] Laut Ermittlungen der Gestapo hatte die äußere Tür nur ein gewöhnliches Kastenschloß, die innere Tür war unverschließbar. Da die Aufbewahrung des Sprengstoffs nicht den gesetzlichen Sicher-

heitsvorschriften entsprach, wurde der Steinbruchbesitzer für ein oder zwei Jahre in Haft genommen (Gm 07.71 Bl. 38 f., 44, 51 R).

[28] Nach dem Attentat wurde festgestellt, daß in dem Betrieb ziemliche Unordnung herrschte und über Kauf sowie Verbrauch des Sprengstoffs nicht Buch geführt wurde (Gm 07.71 Bl. 38). Der Diebstahl des Sprengmaterials konnte durch die Recherchen der Gestapo festgestellt werden (Bl. 31 R, 33 R).

[29] Frau S. bestätigte später, daß Elser bei ihr im Haus den doppelten Boden in die Holzkiste eingebaut und ihr das Geheimfach auch gezeigt habe (Gm 07.71 Bl. 47 R).

[30] Es ist nicht ausgeschlossen, daß sich Elser den Stein absichtlich auf den Fuß fallen ließ, um von der Arbeit befreit zu werden (Hoch, a. a. O., S. 399). Elser soll das später auch zugeben haben (a. a. O., ZS/A-17, Nr. 33).

[31] Frau S. bestätigte, daß Elser nach dem Unfall bettlägerig war (Gm 07.71 Bl. 47).

[32] Vgl. Anm. 14.

[33] Die aus dem Garten dringenden Explosionsgeräusche wurden von verschiedenen Personen wahrgenommen (s. Hoch, a. a. O., S. 399).

[34] Über Elsers Hang zur Perfektion s. Anm. 70.

[35] Diese Angaben Elsers wurden nach dem Kriege bestätigt (s. Hoch, a. a. O., S. 400). Maria S. gab schon 1939 bei ihrer Vernehmung an, Elser habe von einer „neuartigen Schaufensterreklame" gesprochen, die ein bestimmtes Gewicht automatisch heben könne. Den Geheimboden an der Holzkiste brauche er, um bei einem Ortswechsel die Zeichnungen für seine Erfindung sicher zu verwahren (Gm 07.71 Bl. 30 R).

[36] Das beschädigte Holzmodell wurde dort tatsächlich von der Polizei in einem Sack voller Späne gefunden (s. Hoch, a. a. O., S. 400).

[37] Anhand bruchstückhafter Patentbezeichnungen, die einzelnen der am Tatort gefundenen Metallteile aufgeprägt waren, gelang es der Gestapo, über das Reichspatentamt die Herstellungsfirmen der verwendeten Uhrwerke zu ermitteln (Meldung des Deutschen Nachrichtenbüros, DNB-Dienst vom 24. 11. 1939, Bl. 39).

[38] Unter den Sachen, die Elser nach Beendigung der Arbeiten in München seiner Schwester nach Stuttgart geschickt hatte, fand die Gestapo zwei Fahrtrichtungsanzeiger für Kraftfahrzeuge, die so abgeändert waren, daß sie als Zündapparate dienen konnten (Gm 07.71 Bl. 36).

[38a] Vgl. unten S. 133 ff.

[39] Elsers Wirtin in Schnaitheim gab an, daß Elser schon bei seinem Einzug von einer baldigen Übersiedlung nach München gesprochen habe; er wolle dort eine freie Stelle antreten (Hoch, a. a. O., S. 399; Gm 07.71 Bl. 47).

[40] Frau S. sagte 1939 aus, Elser sei noch in krankem Zustand nach München gereist, angeblich „um dort eine Erfindung patentieren zu lassen" (Gm 07.71 Bl. 30 R). Das Datum von Elsers Abmeldung wurde 1962 durch das zuständige Bürgermeisteramt bestätigt (s. Hoch, a. a. O., S. 400).

[41] Die Nachsendung des Gepäcks, für die Elser Adressen und Frachtbriefe selbst ausgeschrieben und nach Schnaitheim geschickt hatte, wurde von seiner Wirtin nach dem Kriege bestätigt (Hoch, a. a. O., S. 401).

[42] Unter Elsers Sachen, die bei seiner Schwester in Stuttgart lagerten, fand die Gestapo eine der Antwortkarten auf das Inserat (Gm 07.71 Bl. 36).

[43] Elsers Angaben über seine Einmietungen im August und September 1939 werden durch entsprechende Eintragungen in den Hausbögen der Stadt München bestätigt (Hoch, a. a. O., S. 401).

[44] Die Wirtin teilte mit, daß Elser während der beiden Monate seiner Mietzeit keinen Besuch bekommen habe und nie mehrere Tage weggeblieben sei (s. Hoch, a. a. O., S. 401). Er sei dagegen nachts oft unterwegs gewesen und habe morgens mehrmals angekleidet im Bett gelegen (IfZ, ZS/A-17, Nr. 52).

[45] Daß Elser den Namen erst nach Vorhalt nannte, bekräftigt die These Hochs (a. a. O., S. 394 und 403), daß Elser bestrebt war, möglichst wenige Personen zu belasten (zu diesem Bestreben Elsers vgl. auch unten S. 119 und 122).

[46] Gemeint ist die Adresse: „Postlagernd Heidenheim" (s. S. 148 ff.). Trotzdem war seinen Wirtsleuten in Schnaitheim bekannt, daß Elser hin und wieder Post aus München erhielt (Gm 07.71 Bl. 47). Es ist möglich, daß sich Elser verschiedene Sendungen, wie z. B. die Antworten auf sein Zimmerinserat, ins Haus schicken ließ.

[47] Elsers Bruder teilte nach dem Kriege mit, sein Vater habe ihm vor dem Tode (1942) mitgeteilt, daß er Elsers Knallversuche im Garten wahrgenommen habe (Gm 07.71 Bl. 22).

[48] Muß wohl heißen: Adresse.

[49] Muß heißen: Stellen.

[50] Mit diesen Notizen in der Tasche wurde Elser in Konstanz festgenommen (s. unten S. 155). Daraufhin stellte die Gestapo bei der

Firma W. in Heidenheim entsprechende Ermittlungen an, um Elsers Aussage und die Echtheit der Eintragungen zu überprüfen (Gm 07.71 Bl. 34 R).
[51] S. unten S. 154.
[52] Es handelte sich um eine Sanitätseinheit (s. Hoch, a. a. O., S. 402).
[53] Ehemalige Mitglieder der Sonderkommission gaben an, ihren Ermittlungen nach seien Hunde stets nur gemeinsam mit einem Wächter in den Saal gekommen (s. Hoch, a. a. O., S. 403).
[54] In einer Meldung vom 12. 11. 1939 — also noch vor Elsers Geständnis in der Nacht zum 14. 11. (s. Hoch, a. a. .O., S. 393) — gab der „Völkische Beobachter" (vom 13. 11. 1939) bekannt, tatverdächtig sei ein Mann, der sich seit Anfang August im Bürgerbräukeller zu schaffen gemacht habe, ohne zum dortigen Personal zu gehören. Es ist anzunehmen, daß vor allem die Aussagen des Direktors (Pächters) und des K. über den hier geschilderten Vorfall zu dieser Zeitangabe geführt haben.
[55] Die Zeichnungen lagen dem Protokoll nicht mehr bei.
[56] Nach Berichten ehemaliger Polizeibeamter hat Elser diese Angaben über Aufenthalt und Arbeiten im Saal des Bürgerbräukellers auch gegenüber der Sonderkommission gemacht (Hoch, a. a. O., S. 402, Anm. 70).
[57] Elser zeichnete für die Gestapo nicht nur die Konstruktionspläne nach, sondern baute später in der Haft sogar die Höllenmaschine noch einmal. Eine Nachbildung des Sprengapparats diente dem Reichssicherheitshauptamt als Anschauungsmaterial für Ausbildungszwecke (s. Hoch, a. a. O., S. 405). Ein ehemaliger Gestapobeamter, der die Zeichnungen anläßlich seines Vortrags bei der Sonderkommission in München gezeigt bekam, berichtete, daß Elser sie in „kürzester Frist" fertiggestellt habe (Gm 07.71 Bl. 31 R).
[58] Auch die Meldung des Deutschen Nachrichtenbüros vom 24. 11. 1939 (Bl. 39) spricht davon, daß eine Zusammensetzung der Fundteile die Verwendung von „zwei besonderen Präzisionsuhrwerken" ergeben habe.
[59] Ehemalige, seinerzeit mit den Ermittlungen befaßte Polizeibeamte bestätigen die mehrfach gesicherte Wirkungsweise des Apparats (vgl. Hoch, a. a. O., S. 405).
[60] Der Sonderkommission gelang es, aus dem Trümmerschutt Teile einer solchen Schalldämpfisolierungsplatte mit Firmenaufdruck sicherzustellen (Deutsches Nachrichtenbüro, DNB-Dienst vom 24. 11. 1939, Bl. 39).

⁶¹ W. konnte nach dem Kriege nicht mehr befragt werden, da er im Februar 1945 starb. Laut Süddeutsche Zeitung, Jg. 2, Nr. 16 vom 22. 2. 1946, hat jedoch sein Kollege, Werkzeugmacher N., Teile gesehen, die W. für Elser bearbeiten sollte. N. will selbst auch einen Arbeitsauftrag von Elser erhalten haben (vgl. S. 138 und Anm. 62). Die weiteren Angaben von N. sind jedoch absolut unglaubwürdig: Als er die Teile in W.s Werkstatt gesehen habe, habe er zu diesem sofort gesagt, daß das „eine Höllenmaschine für das Bürgerbräu" (!) gebe, ihm aber zugleich geraten zu schweigen und die Arbeiten auszuführen, da möglicherweise „die Nazis selber" dahintersteckten (!). Er habe W. dazu bewegen wollen, an dem bestellten Zahnrad zwei Zähne weniger auszufräsen, um die Explosion eher auszulösen und damit „den Nazis ein Schnippchen zu schlagen". Als W. darauf nicht einging, habe er selbst diese Arbeit in W.s Werkstatt ausgeführt. Demgegenüber gab Elser an, daß er die Kammräder aus Holz selbst gefertigt habe und die anderen Zahnräder aus Uhrwerken stammten. Bei seiner Akribie hätte Elser die fehlende Anzahl Zahnräder außerdem sicher gemerkt.

⁶² Nach Hoch (a. a. O., S. 404) handelt es sich bei diesem Schlosser um den in Anm. 61 genannten Werkzeugmacher N., der der Süddeutschen Zeitung gegenüber angab, für seine Arbeit von Elser 10 RM erhalten zu haben. Zwar sprach N. in Übereinstimmung mit dem Protokoll davon, daß er für Elser zwei Uhrengewichte ausgetrieben habe, teilte jedoch weiter mit, daß er diese Gewichte — die Elser später mit Schwarzpulver füllte (vgl. S. 140) — auf dessen Wunsch mit Blei ausgegossen habe.

⁶³ Entsprechende Inserate im „Völkischen Beobachter", Münchener Ausgabe, vom 4. 11. 1939, S. 7, beweisen die Richtigkeit der Aussage Elsers. Für den 4. 11. waren dort ein „Konzert mit Tanzeinlagen", für den 5. 11. (s. S. 145) nachmittags Konzert — ab 19 Uhr gleichfalls mit Tanzeinlagen — angekündigt.

⁶⁴ Elsers Gleichgültigkeit gegenüber politischen Tagesereignissen und sein mangelndes Bestreben, sich durch Zeitung oder Rundfunk zu informieren, hatte zur Folge, daß er sein Vorhaben nicht abbrach oder unterbrach, als Hitlers Teilnahme an der Traditionsfeier zunächst abgesagt wurde. Am 6. 11. (s. „Völkischer Beobachter" vom 7. 11.) gab die Gauleitung München-Oberbayern bekannt, daß das Programm wegen der Erfordernisse des Krieges auf das abendliche Treffen der Marschierer von 1923 im Bürgerbräukeller am

8. November (auf dem diesmal Rudolf Heß sprechen sollte) und auf die Kranzniederlegungen am nächsten Tag eingeschränkt werde (der Erinnerungsmarsch fiel aus). Am 7.11. („Völkischer Beobachter" vom 8.11.) wurde die Rede von Heß vom 8. auf den 9.11. verschoben. Am 8.11. wurde die Heß-Rede abgesagt und der Termin der doch stattfindenden Rede Hitlers bekanntgegeben (vgl. den Rückblick im „Völkischen Beobachter" vom 22.11.1939).

65 Die Übersendung der Sachen wurde von seiner Schwester bestätigt (Gm 07.71 Bl. 29 R, 35 R). Unter dem Werkzeug fand die Gestapo Hammer und Meißel mit Mörtelspuren, die im kriminaltechnischen Institut Berlin untersucht wurden (a. a. O., Bl. 36). Eine Spektralanalyse ergab die Übereinstimmung der Mörtelspuren mit dem Tatortmaterial (DNB-Dienst vom 24.11.1939, Bl. 40).

66 Frau H. bezeugte, daß ihr auch Elser von München aus zweimal geschrieben, ihr aber nie die Frage beantwortet habe, wo er arbeite und was er verdiene (Gm 07.71 Bl. 36 R).

67 Diese Vernehmungsfrage an Elser hängt mit der Aussage des Steinbruchbesitzers V. in Königsbronn zusammen, er habe den K. (einen gebürtigen Königsbronner, der in die Schweiz verzogen war, die schweizerische Staatsangehörigkeit angenommen hatte und jährlich auf einige Zeit nach Deutschland kam) im März 1939 mehrmals mit Elser zusammen gesehen. K. habe im Frühjahr 1939 geäußert, Hitler müsse unter allen Umständen noch in diesem Jahr beseitigt werden, um einen Krieg zu verhindern. V. hielt K., der schnell zu Vermögen gekommen war, für einen Devisenschieber und Spionageagenten. K. kam Anfang Juni 1939 zusammen mit seiner Frau bei einem Autounfall in der Nähe von Königsbronn ums Leben (Gm 07.71 Bl. 49 R, 52 R). Über den Autounfall gingen in dieser Gegend die wildesten Gerüchte um: die beiden Schweizer seien wegen gestohlener Fabrikpläne von der Polizei gejagt worden und dabei an einen Baum gefahren (a. a. O., Bl. 48). Eine Verbindung Elsers mit K. wird von seinem Bruder L. verneint (a. a. O., Bl. 49 R) und auch von einem damaligen Gestapobamten für äußerst unwahrscheinlich gehalten (a. a. O., Bl. 38).

68 Frau H. teilte nach dem Kriege mit, Elser habe ihr für seinen Umzug nach München trotz ihrer Fragen keine Erklärung gegeben (Gm 07.71 Bl. 26 R).

69 S. oben S. 36 ff.

70 Der „Völkische Beobachter" vom 22.11.1939 schrieb, daß „die

erste öffentliche Bekanntgabe der Absage der Feierstunde im Bürgerbräukeller sowie die spätere Umlegung des Termins der Führerrede zum Abend des 8. November" Elser zu einer nochmaligen Rückkehr in den Bürgerbräukeller veranlaßt hätten. Tatsächlich aber ist es Elsers Perfektionismus gewesen (vgl. auch oben S. 107 f., 135, 140), der ihn nochmals zur Überprüfung seines Werkes an den Tatort trieb und den Leute seiner Umgebung bei allen seinen Arbeiten an ihm beobachtet hatten (vgl. dazu Hoch, a.a.O., S. 406). In der Verlautbarung Himmlers vom 21. 11. 1939 hieß es richtig, Elser sei in der Nacht vom 7. zum 8. 11. zurückgekehrt, „um sich noch einmal durch persönliches Horchen von dem Ticken des Uhrwerks zu überzeugen" (DNB-Dienst vom 21. 11. 1939, Bl. 35).

[71] Elsers Schwager bestätigte, daß sich Elser bei seinem letzten Besuch von seiner Frau Geld lieh (Gm 07.71 Bl. 29 R).

[72] Hoch kommt nach Gegenüberstellung der von Elser für die Zeit von Anfang August bis zum Attentat in München aufgeführten Ausgaben mit den auf S. 95 angegebenen Ersparnissen zu der Feststellung, daß Elsers Aussage über seine finanziellen Mittel durchaus zutrifft. Er folgert daraus: „Die gelegentliche Frage, wovon E. die drei Monate in München gelebt habe, scheidet damit unseres Erachtens als mögliches Argument für eine bestellte Aktion aus" (a. a. O., S. 406 f.).

[73] Wurde von Frau L. bestätigt (Zeugenschrifttum des IfZ, ZS/A-17 Nr. 52).

[74] Hier liegt entweder ein Erinnerungsfehler Elsers oder ein Hör- bzw. Schreibfehler des Protokollanten vor. Es muß „etwa um 20 Uhr" heißen, da Elser bereits gegen 20.45 Uhr verhaftet wurde (Hoch, a. a. O., S. 411). Bei seinem ersten Verhör durch den festnehmenden Zollbeamten gab Elser auch richtig an, daß er gegen 20 Uhr in Konstanz angekommen sei (Gm 07.71 Bl. 64).

[75] Die Gestapo stellte später bei der Firma W. in Heidenheim produzierte Zünder zu Vergleichszwecken sicher (Gm 07.71 Bl. 31).

[76] Vgl. oben S. 119 ff.

[77] Vgl. oben Anm. 14.

[78] Außer den hier erwähnten Gegenständen trug Elser unter anderem eine Postkarte mit Innenansicht des Bürgerbräusaales und Stempel der NSDAP bei sich (s. Einleitung und Gm 07.71 Bl. 64 f.).

Inhalt

Vorwort zur Neuauflage 5

Einleitung 7

Text des Vernehmungsprotokolls 25

  A) Zur Person 27

  B) Zur Sache 80

  C) Einstellung zur Tat 156

Anmerkungen 159